Eduard Wagner 2017

Voorwoord

Je kunt het zien zoals je wilt: zijn dit memoires of is het gewoon een opeenvolging van gebeurtenissen in mijn leven. Ik zou willen zeggen dat ik op het moment dat ik dit had meegemaakt, geloofde dat dit correct was. Ik kreeg nauwelijks advies van familie of vrienden of dat wel of niet de juiste keuze was. Maar het was altijd de vraag of ik daar rekening mee had gehouden. Natuurlijk zijn er in de loop van de volgende pagina's altijd plaatsen waar ik op de rand van legaliteit sta. Maar aangezien dit enige tijd geleden is en ik persoonlijk sta voor wat ik toen wel of niet deed, zie ik geen problemen als deze gevolgen zich voordoen. Of dit een vervuld of gelukkig leven is, is niet aan mij, maar aan de lezer, maar ik zal uiteindelijk een conclusie trekken.

Familie 1970

Ouderlijk huis december 1959

Eind 1959 zag ik het levenslicht in Wenen, hoewel ik er was maar het me nauwelijks kan herinneren. Kwam als tweede geboren, mijn broer was al 6 jaar oud in een Donau-Zwabische familie. Om mijn afkomst uit te leggen: aan het einde van de Tweede Wereldoorlog werden mijn ouders door partizanen onder schot uit het huidige Servië verdreven en werd hun leven bedreigd. Omdat ze tot de groep etnische Duitsers (Donau-Zwaben) behoorden, was hun moedertaal Duits, wat betekent dat ze ook Servo-Kroatisch konden spreken. Hun voorouders werden momenteel door Prinz Eugen gesetteld in het toenmalige Joegoslavië om daar de infrastructuur te versterken, wat ze ook lukte. In de chaos van de Tweede Wereldoorlog werden ze vervolgens verdreven door partizanen uit zowel het noorden als het zuiden met de dreiging van hun leven. Tegen die tijd hadden ze welvaart en reputatie verworven, waar er geen enkele vijandigheid was tussen de Joegoslaven die daar woonden en de Duitstalige bevolking. Mijn ouders en hun families werden in 1944 verwelkomd met de woorden: Wat doe je daar? Waarom spreek je zo goed Duits? Sluip je weg naar huis. Destijds was het alleen de ontvangst van "buitenlanders". Men kan zich vandaag de dag niet meer voorstellen. Goed terug naar mij. Had een gemakkelijke jeugd, in ieder geval tot ik 10 jaar oud was. Mijn vader zette zijn vak voort, dat hij al in Servië had geleerd, en mijn moeder was, zoals toen nog de gewoonte was, huisvrouw. Voor zover de middelen van mijn ouders het toelieten, kreeg ik alles van speelgoed tot fietsen en dergelijke. In de zomer ging ik met mijn broer en mijn moeder elk jaar twee tot drie weken naar een pension in het zuiden van Neder-Oostenrijk. Mijn vader, die om financiële redenen doordeweeks moest werken, kwam op vrijdag met de brommer naar ons toe en bleef tot zondag. Opgemerkt moet worden dat mijn vader zijn rijbewijs pas in 1972 heeft gehaald. In die tijd leerde ik ook een familie kennen die vlakbij het pension woonde. Er waren twee dochters in deze, een vijf jaar jonger en de andere een jaar ouder. Betekent dat de oudere me al met luiers heeft ontmoet.

School van september 1966

Begin van mijn schoolcarrière. Op de lagere school zat ik in een jongensklas. Een afgestudeerde van de toenmalige Pädag stelde zich voor als lerares. Ze was ongeveer

25 jaar oud en een mooie vrouw voor zover ik kon zien op die leeftijd. Ik kan me nog een anekdote herinneren die me destijds nogal schokte. Aan het begin van mijn schooltijd kwam ik bij mijn moeder en vertelde haar het volgende: Jij, moeder, de juf heeft haar vingers knalrood geverfd. Hoe kun je zoiets doen? De achtergrond was dat juf Ulrike alleen haar vingernagels had gelakt, wat toen nog niet alledaags was voor mij. Ik denk dat mijn moeder zich destijds op de zijkant wendde en waarschijnlijk moest glimlachen, en me toen uitlegde waar dat allemaal over ging. Nou, ik ben afgestudeerd van de lagere school met zeer goede cijfers, afgezien van schilderen en tekenen. Maar ik had ook respect voor de "vrouwelijke lerares", die overtredingen bestrafte met "in de hoek staan". De weg naar school, toen was alles nog te voet, was altijd een uitdaging, want er waren altijd wel één, twee of drie schoolcollega's waarmee je op de stoep kon jongleren.

Middelbare school september 1970

Nadat ik op deze leeftijd bleef dromen van de droombaan "dokter" en mijn basisschooldiploma dienovereenkomstig was, hebben mijn ouders mij ingeschreven in het naburige district op de middelbare school. In 1969 had mijn vader zijn handelsvergunning voor het repareren van frisdrankflessen teruggegeven omdat het niet meer rendabel was en hij nam vervolgens een nieuwe baan, namelijk het verkopen van dagbladen. Dat betekent dat hij als colporteur 's avonds tot ongeveer 23.00 uur op een standje de grootste krant van ons land verkocht. Omdat dit half winstgevend was, begon mijn moeder ook kranten te verkopen. Hiermee konden ze zichzelf in de loop der jaren veel geld besparen, wij allebei, dat zijn mijn broer en ik, het welzijn werd niet verwaarloosd. Nou, ik zat nu in de eerste klas van de humanistische middelbare school. Op maandag was er altijd de een na de ander wiskunde en Engels. Nou dat ging een tijdje halverwege, maar na een tijdje werd ik ziek en mijn ouders schreven me een bevestiging dat ik ziek was. Maar aangezien het onderwijzend personeel dit papier niet van mij aannam, heb ik het gehouden. Nu werd maandag met Engels en rekenen steeds weerzinwekkender voor mij, dus ik kwam op het idee om de ene of de andere maandag "blauw" te gaan en niet naar school te gaan. Ik liet toen de bevestiging dat ik ziek was zelf met de handtekening van mijn ouders. Aangezien het meestal dezelfde ziektes waren en de handtekening niet meer de beste was, gebeurde het zoals het moest. Opeens kregen mijn ouders een oproep om naar school te komen. Natuurlijk werd hen gevraagd naar mijn ontbrekende dagen en de daaruit voortvloeiende cijfers en ze waren dienovereenkomstig verrast of teleurgesteld in mij. Het gevolg hiervan was dat de school me veroordeelde tot een "catastrofe" (4 uur schrijven van straf alleen op school). Voor zover ik weet, bestaat dit soort straf tegenwoordig niet meer. Uiteindelijk eindigde het schooljaar met twee vijven. Dat betekende dus dat ik de 1e les moest overdoen, want dat was toen nog verplicht.

Kostschool september 1971

Na deze voor mij beslissende gebeurtenis kwam de familieraad bijeen in de vorm van mijn ouders en mijn zeventienjarige broer. Het zou van tevoren moeten worden verzonden dat mijn vader tijdens zijn schooltijd in Servië een paar jaar op een Duitstalige kostschool heeft gezeten. Zo werd er advies gegeven naar welke school ik moest blijven gaan. Omdat ik op 11-jarige leeftijd natuurlijk geen idee had of slechts beperkte wat me te wachten stond, moest ik de beslissing van de familieraad accepteren. Omdat ik vanaf mijn geboorte protestant was gedoopt, werd mijn inschrijving op katholieke internaten, zoals schoolbroeders in Strebersdorf, niet geaccepteerd. Door deze beslissing ging ik naar een kostschool in het 13e arrondissement, waar ook een humanistische middelbare school zat. Ik heb lang ruzie gehad met deze beslissing van mijn ouders, omdat ik daar min of meer opgesloten zat van zondagavond tot zaterdagmiddag. Als ik doordeweeks iets had "gebroken", was er in het weekend natuurlijk ook geen uitkomst. Gelukkig was dat in het 13e arrondissement zelden het geval. Eén ding was interessant in dit huis, want het hoofd van deze instelling was de kleinzoon van Adalbert Stifter (zijn naam was dezelfde). Deze directeur was een fervent pijproker, waarvan de rook door het hele gebouw te ruiken was en we wisten, hoe intenser ook, dat er gevaar dreigde. Ik heb 3 jaar op Himmelhof gezeten, zo heet het internaat daar. Daarna verhuisde ik naar het gelijknamige internaat in het 2e arrondissement met dezelfde leermeester Franz, maar daar waren de gebruiken hetzelfde als in het 13e arrondissement. Dat betekent dat als er doordeweeks wangedrag van mijn kant was, ik onvrijwillig het weekend met straf in het internaat mocht doorbrengen. Aangezien de begeleiding daar niet zo geweldig was en ik natuurlijk ook ouder ben geworden, waren er vaak weekenden in het internaat. In die tijd, op 13-jarige leeftijd, maakte ik kennis met sigaretten, waardoor ik ook noodgedwongen thuis moest blijven. Deze vriendschap met nicotine is me tot op de dag van vandaag bijgebleven. Het ging allemaal redelijk tot de 4e klas en toen kregen we een Karinthische lerares biologie die net klaar was met haar studie. Voor ons studenten tussen de 14 en 15 jaar was ze natuurlijk een uitdaging qua puberteit, want ze was een mooie vrouw met een bijbehorend figuur. Dus liet ik me tijdens de les meeslepen naar één uitspraak die me het slechtste gedrag opleverde. Daarnaast verzamelde ik ook de slechtste cijfers in verschillende objecten, zodat ik het 4e leerjaar moest herhalen. Dit was gelukt en dus moest ik, aangezien dit niet meer in huis werd onderwezen, naar de 5e klas van het humanistische gymnasium in het naburige district. Omdat ik toch dokter wilde worden, ging ik ervan uit dat ik het Oudgrieks zou gebruiken, omdat ik ook erg van de Latijnse taal hield. Het was interessant in die tijd dat ik voor het eerst in een gemengde klas belandde, maar er waren slechts 6 meisjes en de rest van de jongens. In het eerste semester was ik nog een beetje leergierig, maar aangezien ik helemaal niet van Oudgrieks hield, zagen de cijfers er dienovereenkomstig uit. Het bleef niet bij dit onderwerp alleen en dus had ik de les moeten overdoen, alleen dat kon toen niet meer. Dus besloten mijn ouders, aangezien ik nu 17 jaar oud was, dat ik in de leer zou gaan. Toen ik een jaar of 16 was, toen ik nog op kostschool zat, werd ik benaderd door Ernst, de zoon van een vriendin van mijn moeder, of ik misschien niet elke vrijdagavond naar volksdansen wilde gaan. Dat was natuurlijk een lastige onderneming op het internaat, omdat het niet altijd zo was om van daaruit naar buiten te gaan. Uiteindelijk mocht ik vrijdag van 18:00 tot 22:00 uur eindelijk naar buiten. De volksdansen vond plaats in het huis van de Donau-Zwaben in het 3e district. Toen ik daar voor het eerst kwam, trof ik ongeveer 30 jonge mannen en vrouwen aan, waarvan ik een van de jongste was. Een inheemse Donau-Zwabiër stelde zich aan mij voor als de leider, die de volksdansen met ons repeteerde. Maar aangezien ik een uitgesproken antitalent was als het op dansen aankwam, had deze man ook zijn problemen om me dat te leren. Ik kan me nog een episode herinneren waarin de supervisor mijn dij in zijn hand nam omdat ik de volgorde van een afwisselende stap niet begreep. Daar is tot op de dag van vandaag waarschijnlijk niets aan veranderd. Op deze avonden hebben we met 8 tot 10 koppels volksdansen gestudeerd, die we vervolgens in het balseizoen in januari en februari uitvoerden. In de loop van de tijd ontwikkelde zich een groep mensen van dezelfde leeftijd die twee keer per week gingen bowlen in het Wiener Prater. Dit betekent 1 keer per week trainen en kampioenschap op vrijdag. Aangezien we een sponsor hadden, een rederij, kostte dat ons niet veel. Omstreeks 1982 voeren in de zomer 7 mannen en vrouwen met dit bedrijf op een 10-mans zeilschip van Split naar Dubrovnik. Elke dag gingen we die week naar een eiland, pauzeerden en reden dan verder. Het was een geweldige ervaring

Augustus 1972 weekendhuis

Nadat de carrièreswitch van mijn vader in 1969 qua spaargeld succesvol was, hebben ze aardig wat geld kunnen sparen. Nu gingen mijn ouders op zoek naar een klein weekendhuisje in Neder-Oostenrijk. Ze vonden wat ze zochten in het zuidelijke Weense bekken in een gemeente met zo'n 10.000 inwoners. Het eerste gezicht leek mijn ouders een koopje, maar ze konden zich niet voorstellen wat er daarna gebeurde. Voor mij als 12-jarige was het natuurlijk genieten, want er stonden veel fruitbomen en struiken op het terrein die ik na het afzagen mocht afbranden, zodat ook het pand uit 1930 te zien was. Ik kan me herinneren dat na een tijdje de verbranding de buren een beetje stoorde, toen mocht dit nog. Maar ja, we waren "Weense" die naar Neder-Oostenrijk kwamen om uit te breiden. Nou, de bomen en struiken waren verwijderd en je kon het huis zien. Het had als nadeel dat het al jaren niet gebruikt was en daardoor in een desolate staat verkeerde met een vloer en een zolder. Toen ik alles had verbrand, pakte ik mijn fiets en verkende het gebied met de bergen die daarbij hoorden en moest steeds weer langs een arbeidersnederzetting rijden. Op een dag vroeg een man die er net was me of ik van mijn fiets kon stappen en bij hem kon gaan zitten. Ik deed wat hij had gevraagd en ging bij hem zitten. Toen kwamen er meer jongens en er ontstond een interessant gesprek. Uit deze ontmoeting groeide een vriendschap van zeker tien jaar en deden we elk weekend iets anders. Pas in de loop der jaren kwamen de partners erbij, elk van deze vrienden verhuisde naar een andere plaats in Neder-Oostenrijk en de vriendschappen werden verbroken.

Huis na renovatie

1972 eerste kus

Omdat mijn ouders altijd in de zomer op vakantie wilden, vroegen ze aan de evangelische kerk in Wenen dat de hele familie hetzelfde geloof had. Dit resulteerde in vakanties met het hele gezin in Stiermarken. We waren niet de enige familie daar, er waren ongeveer 50 mensen. We deden elke dag met alle excursies en wandelingen die altijd leuk waren. Op een dag kwamen we iets eerder terug van een excursie, Angela sprak me aan, ze was ongeveer een jaar jonger dan ik. Ze zei dat ze een wespennest had ontdekt op de zolder van het huis waar we woonden en dat ze bang was om er nog eens alleen naar te kijken, of ik met je mee zou gaan. Nou, waarom niet, er kan niets gebeuren. Toen we voor dit nest stonden, draaide ze zich ineens om en kuste me op de lippen. Ik was geschokt, alleen mijn moeder mocht dat doen en niemand anders mocht het doen. Maar ik hield het toch voor mezelf.

Winter 1975 uitverkoop

Omdat mijn broer naast zijn salaris als bankbediende iets wilde verdienen, reed hij van het ene restaurant naar het andere in het 10e arrondissement en verkocht daar het grootste dagblad. Maar aangezien we één van hart en één ziel waren tot hij een jaar of twintig was, zei hij dat ik kranten kon verkopen en mijn zakgeld kon kopen. Om dit te doen, stond ik in een voetgangersgebied in het 10e arrondissement, droeg een gele jas en prees mijn kranten. Daarna hebben we 's avonds de rekeningen van de 10 tot 15 kranten vereffend. Was niet erg winstgevend, maar, zoals ik al zei, mijn zakgeld werd verhoogd.

Stage in september 1977

Mijn vader kende de destijds bekende HR-manager van een grote kruideniersgroothandel en producent in het 16e arrondissement, en dus begon ik een opleiding tot kantoorbediende. Het eerste wat ik deed was werken in de groothandelsboekhouding. Ik vond daar vier mannen van 50 jaar en daarginds. Het afdelingshoofd hiervoor was een tekenbevoegde. Maar aangezien ik net van het internaat kwam, genoot ik van mijn herwonnen vrijheid. Dit uitte zich in het feit dat ik niet zo streng was in het krijgen van een nachtrust in mijn vrije tijd. Dat betekent dat, nu ik een vriend in Wenen had die Ernst heette, we bijna elke avond 's avonds vertrokken. Het was natuurlijk laat om naar huis te gaan. Dus mijn werkprestaties op de volgende dag waren dienovereenkomstig. De algemeen directeur, waar ik met mijn rug tegenaan zat, tikte keer op keer met de balpen op de tafel zodat ik verder kon werken. In de loop van de tijd werd het werk van slechts 100 tot 200 pakbonnen op een hele dag echter te saai voor mij en dus besloot ik met mijn baas te overleggen of ik overgeplaatst kon worden naar een andere afdeling in de groep. Mijn verzoek werd ingewilligd en ik werd overgeplaatst naar de theeafdeling. Daar ontmoette ik een jonge coördinator en zijn baas was een gemachtigde ondertekenaar. Hier leerde ik niet al te veel over de kantoorklerk, maar de oude manager leerde me veel over thee. Dus moest ik elke ochtend de theeproeverij opzetten, die door een heel speciaal ritueel ging: dus ik begon met het opzetten van minstens 10 kommen heet water en liet toen slechts precies 2 gram thee toe. Toen ging de heer door en nam een slokje van elke kom, hield het in zijn mond en liet het over zijn smaakpapillen lopen. Met deze behandeling kon hij de kwaliteit van deze thee bepalen en vervolgens werd de bijbehorende hoeveelheid besteld. Tijdens mijn werk op deze afdeling kwam er een automatisch systeem voor de productie van theezakjes bij, wat me erg fascineerde, omdat aan de ene kant de geleverde thee in grote dozen zat en aan het einde de afgewerkte 20-25 theezakjes kwam verpakt uit. Maar omdat wat ik kon leren beperkt was, wilde ik terug naar een nieuwe afdeling en dus kwam ik op de AGF-afdeling toen ik een jaar of 18 was. Van daaruit werden dagelijks de groente- en fruitleveringen voor de 250 vestigingen klaargemaakt. Hiervoor moesten de afzonderlijke winkels natuurlijk elke dag telefonisch bestellingen opnemen. Omdat ik al de leeftijd had bereikt waarop ik volgens de Jeugdbeschermingswet mocht overwerken, schreef ik me in voor de zondagsdiensten, die dienovereenkomstig werden beloond. Mijn collega's waren ongeveer van mijn leeftijd, dus al snel ontstonden er vriendschappen. Dus gingen we af en toe wat drinken na ons zondagswerk, totdat iemand zei dat hij iets bij zich had dat alleen in afgesloten ruimtes genuttigd kon worden. Naïef als ik toen was, gingen we een appartement binnen en gingen op de grond zitten bij gebrek aan stoelen. Opeens haalde de genoemde collega een sigaret uit zijn zak, stak hem op en gaf hem door. Nietsvermoedend trok ik, net als de anderen, deze vermeende sigaret aan. Toen het was uitgerookt, kreeg ik te horen dat dit een joint was. Mijn samenvatting ervan was goed, mijn goedgelovigheid en vooral, ik had niets gevoeld, dus de zaak was voor mij geregeld en ik heb nooit meer zoiets aangeraakt.

September 1978 Eerste appartement

Nadat mijn broer op ongeveer 21-jarige leeftijd had gezegd dat hij geen vrouw meer zou hebben en dat hij al een eigen appartement had, kreeg ik het kleine appartement van ongeveer 35 vierkante meter in hetzelfde huis waar mijn ouders woonden in Wenen. In deze tijd begon echter ook waar ik zo'n 30 jaar mee moest worstelen. Aan de ene kant had ik tijdens het weekend eenmalige vrienden in Neder-Oostenrijk en een vriend in Wenen. Met die laatste ging ik doordeweeks bijna elke dag op pad, en zo gebeurde het dat we niet veel verschillende dingen deden. We gingen toen vooral naar bars waar je kon kaarten. Maar omdat dit na verloop van tijd een beetje saai werd, besloten we om voor geld te spelen. Maar dat was ook niet bevredigend, en dus zagen we machines in lokale machines waar je geld kon inleggen en winnen. In die tijd werden ze eenarmige bandieten genoemd die in heel Oostenrijk te vinden waren. Ja, in het begin waren er altijd kleinere of grotere winsten, maar in de loop van de tijd was het natuurlijk een tekort. Bovenal ontdekte ik dat dergelijke apparaten ook in Neder-Oostenrijk verkrijgbaar waren. En zo begon mijn verslaving, zeker niet meteen, maar in de loop van de tijd had ik een grens overschreden waarvan ik me niet bewust was.

Kleurenblindheid van mei 1978

In die tijd moest ik naar de Oostenrijkse strijdkrachten om dienst te nemen. Ik had op dat moment geen gezondheidsklachten, maar toen kreeg ik een kaartje met verschillende gekleurde stippen en werd mij gevraagd een cijfer en een letter eruit voor te lezen. Maar ik zou dit niet kunnen, ook al bekeek ik de kaarten vanuit verschillende hoeken. Met andere woorden, er werd vastgesteld dat ik kleurenblind ben, namelijk rood-groen-blind. De Commissie heeft echter vastgesteld dat ik volledig gekwalificeerd zou zijn. Een half jaar later wilde ik bij mijn vader mijn motor- en autorijbewijs halen. Hiervoor moest ik echter ook een test doorstaan. Ik kreeg onder andere een andere kleurenkaart aangeboden waarvan ik niets meer kon lezen. Toen zeiden ze dat ik verdere onderzoeken moest ondergaan, waaronder een reactietest bij de respectievelijke raad van toezicht en een psychologische test in het arrondissement 3. Deze psychologische test had ongeveer 20 pagina's en het was vervelend om in te vullen omdat ik geen er zin in. Mijn argument, dat ik ook uitsprak, was dat ik volledig gekwalificeerd ben en dat ik geen rijbewijs mag hebben, nou dan schiet ik je gewoon neer omdat ik niet kan kiezen tussen rood en groen. Voor zover ik weet staat alleen het rood bij het stoplicht altijd op dezelfde plek. Ik heb eindelijk het rijbewijs voor in ieder geval een auto, ik heb dat voor motorfietsen opgegeven, ook al had ik 2 bromfietsen toen ik 16 en 17 was, en ik heb er nooit ongelukken mee gehad.

Oktober 1980 Federaal Leger

Begin oktober heb ik mijn militaire dienstplicht vervuld bij de Oostenrijkse strijdkrachten in de Martinekkazerne (pensioen?). De eerste zes weken waren een basistraining en ook vermoeiend. Toen ik begin december jarig was, had ik dienst, en dat op een feestdag. Dit betekent dat ongeveer 15 mensen van de dienstdoende bewaker 20 stuks scherpe munitie hadden gekregen. Nu moest ik aan tafel zitten en wachten tot er een bevel kwam, bijvoorbeeld om rond de kazerne te lopen. Ik weet niet hoe, maar ineens stond er een fles van 2 liter met witte wijn op tafel en mijn kameraden juichten me toe voor mijn verjaardag. Ja, maar helaas was het niet de enige fles die we dronken. Dat betekent dat tijdens de volgende ronde van controles in het kazernegebied het pad steeds smaller werd en aan het einde moest ik mijn geweer lossen met 20 patronen scherpe munitie in de mazen in de wet. Ik was er zelf niet in geslaagd dit te doen, een kameraad hielp me. De hele zaak bleef ongestraft behalve een verplichte aangifte met de volgende vermaning. Na de eerste zes weken werd ik toegewezen aan het kantoor van de persvoorlichter. Deze majoor was er 's ochtends, maar verliet toen het kantoor en kwam een uur voor het einde van het werk terug. Het was mijn taak om in de verschillende dagbladen te zoeken naar berichten over de soeverein. Het was geen tijdrovende klus, het was vrij snel klaar. Zo kon ik inhalen wat ik 's nachts heel weinig had, namelijk slapen. Toen ik er in oktober kwam wonen, woog ik 65 kilo verdeeld over mijn lengte. In de buurt van de kazerne leerde ik Badense wijn kennen omdat ik het niet eerder kende. Toen ik me na 8 maanden ontwapende, woog ik niet 65, maar 72 kilo, wat ik tot vandaag niet had overschreden.

Beroep van september 1980

Ik had mijn stage als kantoorbediende met succes afgerond, de militaire dienst minder succesvol, en dus dacht ik bij mezelf hoe ik verder moest. Nu raakte ik geïnteresseerd in avondcursussen en begon een accountantscursus, wat al snel verkeerd voor mij bleek te zijn. Dus ik ontdekte dat computers een toekomst hadden en van 1980 tot 1981 volgde ik programmeercursussen bij WIFI Wenen, die elke avond van 18.00 tot 22.00 uur ging. Dit heb ik in ieder geval in Pascal met examens afgerond, in Cobol ben ik niet geslaagd. Met de certificaten bedoelde ik dat ik betere kansen op de arbeidsmarkt had en eind augustus 1981 zegde ik mijn baan bij de kruideniersgroothandel op. Ik had meteen weer een baan als kantoorbediende bij een bedrijf in het 5e arrondissement dat buizen en schakelkasten maakte. Na ongeveer een jaar verhuisden we naar het 11e arrondissement, waar ook de fabriek van dit bedrijf stond. Daar had ik een sympathieke oudere afgestudeerde bedrijfskundige die keer op keer had geprobeerd me te inspireren. Maar toen hij met pensioen ging, kwam een vrouwelijke afgestudeerde ingenieur als zijn opvolger. Dit had als doel om te sparen en zo kwam het dat ik na twee jaar en negen maanden werd ontslagen. Op dat moment was er nog een ontslagvergoeding met minimaal twee salarissen, maar pas na drie jaar bij het bedrijf. Ik moest dus op zoek naar een nieuwe baan en las het in de dagbladen. Toen vond ik een baan waar de voorselectie werd gemaakt in een testpsychologisch instituut. Dus kwam ik begin mei 1984 naar dit instituut en kreeg een bundel van 20 pagina's met tests om in te vullen. Na een paar aantekeningen in dit papier te hebben gemaakt, dacht ik bij mezelf dat ik deze vellen papier al in mijn hand had. En dat is precies hoe het was, jaren eerder moest ik dezelfde test doen om een rijbewijs te halen en die dag om te solliciteren. Klinkt een beetje vreemd. Na evaluatie van mijn informatie werd ik gevraagd voor een gesprek in het 8e arrondissement. Voorwaarde voor deze functie was dat het slechts een vervanging voor één jaar ouderschapsverlof was. Daar moest ik verantwoording afleggen over de bursalen die in het onderzoekscentrum in Neder-Oostenrijk werkten en ook voor het bankboek. Maar omdat het geheel mij een beetje te weinig uitdaging was, richtte ik me op verdere taken. Deze omvatten financiën, begroting en activaboekhouding. De computertalen die ik had geleerd, die ik jaren eerder had verworven, werden niet gebruikt omdat dit werd voorkomen door de bestaande "programmeur". Zo kwam er een einde aan het eerste jaar zwangerschapsverlof en mijn toenmalige baas, met wie ik nu een steen in het bestuur had, verlengde zonder aarzelen mijn contract. Maar aangezien het kantoor in het 8e arrondissement ongeveer een jaar nadat we bij dit bedrijf kwamen (semi-openbaar), moesten we verhuizen naar Neder-Oostenrijk. We hadden de mogelijkheid om de bedrijfsbus vanuit Wenen te gebruiken. Maar het werk begon pas om 8.30 uur en dat was te laat voor mij. Zo sprak ik met een collega dat we samen met mijn 2e auto naar het werk zouden rijden. Daarmee droeg ze bij in de reiskosten. Dat betekent elke werkdag om 6 uur 's ochtends uit bed, 35 km heen en 35 km terug in de avond, wat voor weer het ook is. Maar aangezien ik dit werk in Neder-

Oostenrijk op prijs stelde, accepteerde ik dat. De tijd die ik daar doorbracht was niet alleen professioneel, maar ook persoonlijk het ervaring rijke werk dat ik in mijn leven had, vooral omdat ik er veel van had geleerd. In de boekhouding was dat de naam van de afdeling waar ik werkte, er waren ongeveer 15 vrouwen en slechts 2 mannen, wat mij aanvankelijk minder boeide. In de loop der jaren raakte ik echter bevriend met een collega die twee kamers verder werkte. Ze was ongeveer 2 jaar jonger en behoorlijk slim, woonde in de buurt van haar werk met haar ouders in een tweegezinswoning. Zoals het moest komen, het was, vriendschap werd meer. Meestal verbleef ik bij haar thuis, maar ik ging steeds terug naar mijn appartement in Wenen. Op een dag vertelde ze me dat ze zwanger was van mij. Ik was toen ongeveer 26 jaar oud en hij zag het als mijn plicht om haar voor te stellen omdat ze het accepteerde. We waren al op zoek naar een kerk of een kadaster en prikten min of meer een datum voor de bruiloft. In het bedrijf ging natuurlijk het gerucht in het geheim dat er iets aan de hand was dat ik niet echt leuk vond. Maar omdat het van haar kant alleen de zwangerschapsverklaring was en ik in de loop van de maanden niets anders kon zien of horen, werd ik sceptisch of dit wel waar zou zijn. Nu werd bovendien de 'druk' van de collega's steeds groter. Dus eind 1987 besloot ik na drie en een half jaar mijn functie op te zeggen en haar voorrang te geven in het bedrijf omdat haar kwalificaties minder waren dan de mijne. Natuurlijk was er ook geen verrekening van twee salarissen, aangezien ik zelf ontslag had genomen. Ik controleerde de vermeende zwangerschap van mijn vriendin destijds enige tijd later, maar ze was waarschijnlijk nooit zwanger. Het speet me voor deze functie omdat ik veel had geleerd, ook al waren de omstandigheden niet altijd de beste.

Januari 1988 in dienst van vader

Aangezien mijn vader dit jaar 58 jaar werd, besloot ik voor hem te gaan werken als kantoorbediende, wat betekent dat ik op dat moment min of meer zelfstandige was, omdat een vader niet te veel voor zijn zoon kan doen. Omdat ik op de mbo-school de boekhouding had, hebben we besloten dat we de boekhouding zelf zouden doen. Onze belastingadviseur had alleen de taak om de betreffende belastingaangifte of balans op te stellen en in te dienen bij de belastingdienst.

In 1989 zei deze belastingadviseur dat een bedrag van S 0,25 op de balans slechts een Mickey Mouse-bedrag was en dus niet relevant was. Dus hebben we ons contract met hem opgezegd en de jaren daarna heb ik zelf de aangiften inkomstenbelasting en de daaruit voortvloeiende balans opgemaakt. Het enige nadeel hiervan was natuurlijk dat ik er geen ervaring mee had. Dus kreeg ik het jaar daarop een brief van de verantwoordelijke belastingdienst. Toen ik het opende, las ik een bepaling van 1,5 miljoen schilling achterstallig. Gelukkig zat ik toen ik deze brief opende. Ik heb een kommafout gemaakt bij het invullen van het betreffende formulier. Na ongeveer 4 tot 5 afspraken heb ik dat gecorrigeerd. In die tijd had ik zo'n 100 colporteurs (klanten) die ik elke dag moest bezorgen, maar weinigen hadden de tijd om naar ons bedrijfspand in het 20e arrondissement te komen. Een colporteur was een persoon die 's avonds of' s ochtends dagbladen met gekleurde jassen verkocht op pleinen, treinstations en straten. Voor mij werden ze altijd beschouwd als onafhankelijke kooplieden. Dat betekent dat ze bij mij tijdschriften, oftewel periodieke drukwerken, kochten met een bepaalde korting en die vervolgens doorverkochten tegen een vaste einde-verkoopprijs die op elk product vermeld staat. Het nadeel van deze branche is dat er 100 procent recht op retour is. Als een klant 10 stuks van een tijdschrift van mij kocht en er slechts 5 verkocht, kon hij de resterende 5 stuks aan mij retourneren toen het tijdschrift nieuw was en deze werden vervolgens verrekend. Natuurlijk had ik ook recht op mijn leveranciers, zoals groothandels en uitgevers. Het geheel ging natuurlijk gepaard met enorm veel tijd en vooral met een nauwkeurige controle van de respectieve facturen. Een werkweek van 50 tot 60 uur was dus geen uitzondering, maar eerder regel.

September 1992 zelfstandig ondernemerschap

Mijn vader was dit jaar al 62 en ik moest hem veel argumenten geven dat hij na 47 jaar bijdragen eindelijk aan zijn pensioen was begonnen. Het zou hem financieel niet veel opgeleverd hebben. Dus nam ik deze tijdschriftengroothandel over met twee handelsvergunningen, er was toen geen andere weg. Betekent twee lidmaatschappen van de kamerafdeling en, als gevolg daarvan, twee vergoedingen daarvoor. Toen verscheen er twee tot drie jaar later een concurrent. Deze meneer Robin kreeg de kans om vanuit een kleiner dagblad een eigen colportage op te zetten. Met andere woorden, hij voorzag verschillende buitenlanders van jassen en dagbladen en verspreidde deze mensen over heel Wenen. In de loop van de tijd leerde ik echter dat deze man de plaatsen niet gratis aan de mensen gaf, maar een aanbetaling in 5 tot 6-cijferige shilling bedragen van elk individu eiste en dat nog voordat hem een plaats was toegewezen. Aangezien dit, voor zover ik weet, slechts zeer summier schriftelijk is geschreven, vermoedde ik op dat moment al dat het ooit mis zou gaan. Omdat dit me niet zoveel aanging, liet ik hem regeren. Op een dag kwam hij naar me toe en zei dat we tegendeals konden sluiten, waar ik geen bezwaar tegen had. Van een paar Weense uitgevers kreeg ik op goede voet tijdschriften en met hem was het niet heel anders. Dit ging een tijdje goed, hij leverde aan mij, ik aan hem en het werd gecompenseerd. Maar op een dag, het was niet een enorm bedrag om te krijgen, ging de telefoon en Robin was aan de lijn. Hij zei dat ik hem nog iets schuldig was en dat hij het wilde claimen. Daar werd ik zo woedend van dat ik zei af te zien van mijn verzoek en niets meer van hem wilde horen. Ja, nou, dat was gewoon mijn wens. Hij huurde steeds meer Arabieren, Pakistani en Indiërs in en ging toen uiteindelijk naar mijn twee belangrijkste leveranciers. De achtergrond hiervan is dat ik, toen ik begon te werken in de tijdschriftengroothandel, met deze twee leveranciers sprak om de 4,9% hogere korting te krijgen. Dat betekent in plaats van 28,2% de hogere met 33,1% bruto. Mijn verzoek om het bleef onbeantwoord, zelfs toen ik naar het hoofdkantoor van een leverancier in Salzburg reed, had ik toen de kortingsverhoging ongeveer 10 jaar later bereikt. De heer Robin ging met wat dan ook naar deze twee leveranciers en kreeg meteen de hogere korting, welke connectie voor mij duidelijk was, maar deze ga ik van mij niet geven.

Bedrijfspand in het 20e arrondissement met vader

November 1988

Ik was nu 28 jaar oud, mijn Neder-Oostenrijkse vrienden waren in de hele deelstaat opgesplitst, deels om professionele redenen en deels om redenen van partnerschap, dus ik stond er alleen voor. Het was weer zo'n saaie zaterdag en toen kwam het idee bij me op dat daar 30 kilometer verderop twee meisjes woonden, die ik al kende uit mijn kindertijd toen ik de zomer doorbracht met mijn broer en moeder in Neder-Oostenrijk. Dus ik stapte in mijn auto en reed naar deze stad met 800 inwoners. Ik vond niet alleen twee meisjes, maar 3. De vriendin van de oudere vrouw was op bezoek. Na een korte tijd deed ik de suggestie dat we konden gaan dansen. De vriendin zei dat ze moe was en naar huis moest, naar haar man. Dus ik had de twee nog over en na wat make-up en styling was het zover. We reden met mijn auto ongeveer 60 kilometer naar de naburige wijk, er was in dit opzicht heel weinig in de omgeving. Welnu, ik zat daar in de discotheek met twee meisjes, de een vijf jaar jonger en niet per se mooi, en de ander, een jaar ouder en behoorlijk "verkleed". Nu had ik geen andere keuze dan af te wisselen tussen dansen met de een en dan met de ander, en dat voor mij, toen ik zo'n getalenteerde danseres was. In de loop van de avond, het was al na middernacht, 13 november, toen ik aan tafel zat, merkte ik dat een knie steeds tegen de mijne stootte en vervolgens bleef staan. Ik denk dat de volgende dansen de benadering van de oudere voltooiden en het kwam zoals het moest komen. Het was geweldig. Dit heeft toen een goede 20 jaar geduurd.

Aangezien mijn concurrent steeds agressiever werd met betrekking tot de verkoop van kranten en tijdschriften, en hij zijn toevlucht nam tot hogere kortingen voor zijn colporteurs, moest ik ook reageren. Gelukkig had ik toen een paar Oostenrijkse uitgeverijen waar ik van kon leven, want op dat moment was er in ieder geval niets aan de hand met genoemde groothandels. Dit kwam tot uiting in het feit dat ik mijn goederen alleen in het geheim kon verkopen, want elke keer dat ik bij mijn klanten kwam - en dat zijn ze al jaren - was er altijd een Arabier die kon worden toegewezen aan het bedrijf Robin, met mijn koper en dus verhinderde mijn verkoop. Ik moest mijn tijdschriften dus via een omweg in de uitverkoop krijgen, omdat de koper van mijn goederen financieel nadeel zou hebben geleden als ze van mij zouden kopen. Maar aangezien het intellect van deze toezichthoudende instanties niet noodzakelijk het hoogste was, bleef ik mijn goederen naar voren brengen, zelfs met moeilijkheden. In die tijd heb ik de omzet (ongeveer 600.000 Schilling balanstotaal) en het aantal tijdschriften enorm kunnen verhogen, zodat mijn hoofdleverancier naar mij toe kwam in een grote vrachtwagen in het 20e arrondissement, waar ik het bedrijfspand van mijn vader had overgenomen. Vaak waren er 2 pallets goederen met 10.000 tijdschriften. Ik was toen zo ver geklommen, waarschijnlijk om wedstrijdredenen, dat de week van maandag tot zondag liep. Mijn partner Britta, sinds 1988, had daar terecht geklaagd en daar moest ik verandering in brengen, en dus nam ik in ieder geval het weekend vrij. Maar aangezien ik een beetje koppig ben en ik zal doen wat ik van plan was te doen. Het liep dus zoals het moest. In februari 1998 zag ik bij toeval dat een van de twee hoofdleveranciers was gestopt met leveren aan de firma Robin. Een paar dagen later kon ik officieel vaststellen dat het bedrijf van Robin failliet was. Het faillissementsbedrag bedroeg ATS 35 miljoen. Dit bedrag omvatte zeker maar een klein deel van de deposito's die de heer Robin en zijn medewerkers van de colporteurs afhaalden. Het gerucht ging dat hij ongeveer 15 miljoen schilling had gestolen van zijn 100 tot 200 colporteurs. Ook kwam ik erachter dat deze man na het faillissement alleen nog de straat op durfde met lijfwachten, waarschijnlijk vanwege de ingehouden borgsommen. Door het faillissement waren ze ineens bereid mij de hogere korting van 33,1 bruto te geven. Ja, maar toen was het al te laat.

<u>Vakantie van juli 1998</u>

Nadat ik nooit een fan was van op vakantie gaan, had ik toch nog een vakantie van 2 weken op Kreta, tot op de dag van vandaag waarschijnlijk de mooiste van mijn leven tot nu toe. Er waren ook enkele ervaringen die me zijn bijgebleven: wij, mijn partner Britta en ik, hadden een brommer geleend. Het enige stomme was dat het een halfautomaat was. Met andere woorden, we zaten allebei op dit voertuig en ik liet de koppeling blijkbaar te snel komen en dus zat mijn partner op de grond. Nou ja, halverwege de eerste hindernis. De verhuurder vertelde ons dat we alleen binnen 50 kilometer mochten rijden. We hoorden dat en begonnen onze reis. Maar aangezien dit eiland als nadeel heeft dat je, in tegenstelling tot ons, elke berg op en af moest, dus dat deden we ook en de 50 kilometer waren vergeten. Boven op de berg namen we een pauze en gingen op het gras zitten. Toen zei Britta ineens dat ze iets oranjes had gezien in het nabijgelegen bosje. In een opwelling klommen we onder het hek en vonden een sinaasappel die blijkbaar over het hoofd was gezien tijdens de oogst. Die hebben we natuurlijk meteen geplukt. Toen we het schillen, kwam er een ongelooflijk sterke geur in onze neus en vooral het genot van deze vrucht was onbeschrijfelijk. Toen reden we verder, want we wilden heel graag naar de naburige berg naar een klooster. Nu was het middag en de zon brandde behoorlijk hard. De weg was niet geasfalteerd, het was een onverharde weg. Toch vervolgden we onze reis. Opeens merkte ik dat de brommer niet meer reageerde zoals ik wilde. We hadden een "flat". Er was niets ver en wijds. Dus moesten we het voertuig in de grootste hitte naar het volgende tankstation duwen, dat veilig 5 kilometer verderop was. We hadden de verhuurder niets verteld over wat er met ons was gebeurd, maar het was een ervaring voor ons allebei. Een paar dagen later hield het hotel waar we logeerden een jeepsafari. Voor zover ik me kan herinneren waren er minstens 10 jeeps vol met eten en we reden over het eiland van noord naar zuid en van oost naar west totdat we bij Elafonisi (de Malediven van Kreta) kwamen. Ja, we hadden genoeg eten, van vlees tot salade, maar wat ontbrak was het bestek. Dus gingen de vrouwen naar de zee, wasten hun handen en maakten de salades met hun handen. Het smaakte in ieder geval goed. Een jaar later, alweer in juli, gingen we op vakantie naar Lanzarote. We vonden het daar niet zo leuk, omdat het hele gebied ons erg steriel leek, we konden ook niet gaan zwemmen in de zee, het water was erg koud (Atlantische Oceaan). En weer een jaar later dan juli 2000 verbleven we een paar dagen in een pension in Stiermarken, van waaruit we enkele wandelingen maakten. Sindsdien heb ik bijna geen vakantie meer gehad, behalve in 2017 in een paar dagen naar Italië met de bus, wat natuurlijk vermoeiender was dan het vliegtuig nemen.

Augustus 2000

Toen we in juli 2000 terugkwamen van onze Oostenrijkse vakantie (3 dagen - reis naar Oostenrijk) vertelde Britta me dat ze buikpijn had en dat ze hierover al een afspraak had met de gynaecoloog. Na deze afspraak belde ze me meteen op: ik maakte me natuurlijk zorgen en ze zei: wat een goede zaak. Wat moest dat zijn? Ze zei dat ik vader zou worden. Ik was verbaasd, maar we gingen er allebei van uit dat we er voor dit kind zouden zijn. Het onderwerp abortus werd nooit ter sprake gebracht, en het was goed, tenminste tegen de tijd dat ik het hoorde. De uitgerekende datum was begin maart 2001. Op 24 februari 2001, een zaterdag, maakte Britta me 's ochtends wakker en zei dat het zover was. Voor mijn werk had ik een busje dat al jaren aan de gang was. De dag ervoor heeft het ook behoorlijk gesneeuwd. Dus reden we zo'n 50 kilometer naar het ziekenhuis zonder verwarming in de auto, want die werkte niet. Toen ze in het ziekenhuis aankwamen, realiseerden ze zich dat het even zou duren. Dus gingen we gewoon een wandeling maken in de sneeuw in het complex. 's Avonds verliet ik haar met het verzoek mij te informeren, ongeacht het tijdstip van de dag, of hij zou komen. Er kwam geen telefoontje, dus reed ik om 8 uur 's ochtends op Mardi Gras naar het ziekenhuis. Toen ik de deur van haar kamer opendeed, begroette ze me met het woord: Surprise! Even later ging de deur weer open en een verpleegster bracht mijn zoon naar me toe. Wat ik me voor altijd zal herinneren, was het moment waarop ik het voor het eerst in mijn handen hield. Onbeschrijflijk.

Mijn zoon van 10 maanden

1990 - 1991 appartement

Tot die tijd woonde ik in het kleine appartement dat ik had toen ik 18 jaar oud was. Maar omdat het vastgoedbeheer en de eigenaar van het appartementengebouw een algemene renovatie van het huis wilden, moest ik een verdieping lager verhuizen naar een iets groter appartement. Mijn appartement werd samengevoegd met het naastgelegen appartement met de belofte dat ik na het werk terug zou kunnen verhuizen naar het appartement van 70 vierkante meter. Dit werd ook geconstateerd en in 1991 betrok ik dit appartement. Maar omdat mijn verslaving in de loop der jaren erger werd, waar ik toen nog niet van op de hoogte was, liep ik achter met de huurbetalingen. Zo kwam het, zoals het moest, tot een ontruimingszaak. Britta en ik waren op zoek naar een appartement. Ze vond wat ze zocht in een advertentie in een krant. Een maisonnette in het 2e arrondissement met een huurprijs van rond de 10.000 schilling. Ik heb erop gewezen dat ik het niet kon betalen, maar het werd niet per se geaccepteerd. Daarom heb ik het appartement in het 20e arrondissement teruggebracht zonder een ontruimingsbevel en ben ik verhuisd naar het 2e arrondissement. Maar aangezien mijn passie voor gamen niet was verbeterd, maar juist verslechterd, stond ik al snel voor hetzelfde resultaat als in het 20e arrondissement. Dus ik ging zelf op zoek naar een Garcionerre in het 20e arrondissement die ik me misschien zou kunnen veroorloven.

1980 – verslaving

Het begon allemaal klein, gooide een paar shilling in een machine en won misschien een keer iets, maar gooide dat meteen weer in deze emmer, want de grote winst komt eraan. Het kostte me ongeveer 15 jaar om te beseffen dat ik verslaafd was aan gokken. Mijn partner Britta stimuleerde me om in therapie te gaan, maar ik moest ook toegeven dat ik hieraan verslaafd was. Dus zocht ik hulp bij Gamblers Anonymous. Er waren wekelijks groepstherapieën en individuele therapieën op afspraak. De individuele therapie veroorzaakte een zenuwinzinking bij mij omdat ik zoiets nog nooit eerder had meegemaakt, vooral omdat de therapeut heel diep was gegaan. De groepstherapie was niet per se succesvol omdat ik na de sessie in de auto stapte en weer in een speelhal belandde. Dus ik zag het nut niet in van deze therapie. Hier moest ik blijkbaar meer voor doen. Britta vroeg me naar de voortgang van deze therapie, of dat ik gestopt was met spelen. Ik antwoord dit met "ja", dat ik zou zijn gestopt met spelen. Voor zover ik weet, was dat de enige keer in 20 jaar partnerschap waar ik tegen haar had gelogen. Maar ik had ook de gewoonte om gevoelige vragen, vooral die van financiële aard, vakkundig uit de weg te gaan. Dus op dat moment zag ik geen uitweg meer en de gedachten aan zelfmoord kwamen steeds dichterbij.

Faillissement van juni 2001

Op 15 februari 2001, tien dagen voor de geboorte van mijn zoon, onderhandelde ik over het faillissement. Dit werd voorafgegaan door het indienen van mijn eigen initiatief of mijn commercieel inzicht. Ik heb hierover met de rechter gesproken en we hebben een vergoedingspercentage van ongeveer 13,84% kunnen realiseren dat we de schuldeisers konden bieden. Bij deze hoorzitting in de rechtbank van koophandel van Wenen waren twee vertegenwoordigers van schuldeisers van ongeveer 20 schuldeisers aanwezig. Het aangeboden quotum werd door beide advocaten van de Vereniging voor Kredietbescherming en AKV niet geaccepteerd. Medio juni 2001 vroeg het gemeentebestuur van het 20e arrondissement mij om de twee handelsvergunningen die ik bijna 9 jaar had, terug te geven. De reden hiervoor was dat ik in de loop van de tijd nogal wat schulden had opgebouwd. Ik deed dit en werd toen als werkloos geregistreerd. Mijn vader, die toen met pensioen was, kocht weer zijn handelsvergunning voor de tijdschriftengroothandel. En zo gingen de zaken door, maar dat weerhield me er niet van om te spelen en vooral om er iets aan te doen.

2000 magistraat / financiën

Rond de millenniumwisseling kwamen mijn klanten steeds naar me toe en vroegen om bevestiging van hun inkomen. Met andere woorden, de respectievelijke kantoren eisen een overeenkomstig bewijs van inkomen bij het verlengen of opnieuw indienen van een verblijfsvergunning. Officieel werd verwacht dat een persoon die in Oostenrijk woont een minimuminkomen van € 700 zou moeten hebben. Voor mij was het makkelijk te bepalen omdat er een vaste korting en verkoopprijs was. Dus ik schreef ze aan u als het bedrag voldoende was en u ontving uw corresponderende papier van de magistraat. Op geen enkele dag had ik geld ontvangen voor het uitgeven van dit papier, althans niet tot 2006. Voor mij waren deze mensen ook onafhankelijke handelaars en moesten ook het bedrag dat ik had geschreven overmaken naar het beoordelingskanaal. Of ze dat ook daadwerkelijk hebben beoefend, gaat mijn kennis te boven. Maar ik definieerde dit ook op de tentoongestelde papieren.

Maart 2006 overlijden van mijn vader

Op 25 februari 2006 kwamen mijn ouders bij ons, Britta, mijn zoon Gregor en ik naar Neder-Oostenrijk. Mijn partner nodigde haar uit voor de 5e verjaardag van mijn zoon. Na in 1992 met pensioen te zijn gegaan, kwam mijn vader ongeveer tien pond aan. Hij was niet dik, maar genoot met volle teugen van de maaltijd. Natuurlijk had mijn zoon dit al ontdekt toen hij 5 jaar oud was, dus bestookte hij mijn vader met gebak bij de snack. Opa neemt de taart, ik weet dat jij ook graag knabbelt. Een kwartier later kwam hij met een donut en opa nam die en at. De volgende ochtend in de winkel rond 7 uur was mijn vader er zoals gewoonlijk al. We stapten in de auto en reden naar een klant. Tijdens de rit vertelde hij me dat hij die nacht zo slecht had geslapen. Bovendien stond hij elk half uur op om naar het toilet te gaan met bijbehorende pijn op de borst. Toen we een uur later weer aan het werk waren, vroeg ik hem dringend om naar onze dokter in dezelfde straat te gaan om een kijkje te nemen. Nou ja, het was winter op 26 februari 2006 en mijn vader ging met grote tegenzin naar de dokter, alleen in zijn trui. Na een uur ging mijn telefoon en was hij aan de beurt. Ik zou hem een jas naar de internist verderop in de straat brengen, want de huisarts zou hem meteen naar de internist hebben gestuurd met het vermoeden van een hartaanval. Deze arts liet zich daar niet heen brengen voor een diagnose en belde direct de ambulance om hen naar een ziekenhuis te brengen. Aangekomen in het ziekenhuis werd het vermoeden dat de twee artsen vermoedden bevestigd. Daar werd hij 11 dagen gecontroleerd en op vrijdag 10 maart vrijgelaten. Op 13 maart in de ochtend, zoals altijd, kwam ik rond 7 uur de winkel binnen en mijn vader was er al. Aangezien het eerste wat ik 's ochtends maak een kopje koffie was, deed ik dat die dag ook. Ondertussen merkte ik dat mijn vader naar het toilet op de gang ging. Zoals gewoonlijk zette ik een koffie voor mijn moeder op de eerste verdieping van hetzelfde huis en ging naar de achterkant van de winkel in het trappenhuis. Ik merkte dat het licht aan was in ons gangtoilet (ondoorzichtig glas) en ik wist dat het alleen mijn vader kon zijn, maar er waren 10 tot 15 minuten verstreken toen ik hem voor het laatst zag. Ik ging toen naar het appartement van mijn ouders en sprak een tijdje met haar. Toen ik weer langs het toilet kwam, brandde het licht nog en ging ik de winkel in, maar daar was niemand. Dus ik ging weer naar het toilet en klopte op het raam, maar er kwam geen reactie. Ondertussen was de buurvrouw die naast haar woonde uit haar appartement gekomen. Maar aangezien er geen reactie was in het toilet, had ik geen andere keuze dan met mijn elleboog de deurruit in te slaan. Daarop zag hij hem al tegen de muur geleund zitten met bloed uit zijn neus. De buurman belde meteen de ambulance en bracht me ook kleding voor de gangvloer zodat ik het kon aantrekken. De redding was er vrij snel en ze probeerden hem terug te brengen met een defibrillator, maar tevergeefs. De ambulance deelde de arts mee dat hij het overlijden moest vaststellen. Ondertussen kwam ook de politie, waar een man bij de dode stond tot de arts kwam. Dit kwam na ongeveer 3 uur. De eerste van zijn vragen was of er recente bevindingen waren die ik natuurlijk kon beantwoorden. Toen hij er doorheen had gekeken, zei hij: Met de cocktail was dit niets verrassends en sterven in Wenen op maandag was ongunstig, omdat we een verkeersopstopping hebben. Als ik niet in de rouw was geweest, had ik mezelf niet kunnen beheersen over dergelijke uitspraken. Maar wat me nog steeds raakte, was dat ik het mijn moeder moest vertellen, die in haar appartement was. En het volgende probleem was om mijn broer, die al zo'n 20 jaar geen contact meer had, te informeren dat onze vader was overleden. Hij had ruzie met zijn ouders over de erfenis waar hij recht op had. Maar hij was er binnen een uur zonder slechte woorden. Op 24 maart 2006 hebben we hem begraven op de centrale begraafplaats van Wenen. Toen de kist werd neergelaten, had ik een beslissende gebeurtenis. Ik heb veel geërfd van mijn vader, waaronder het feit dat we niet over problemen kunnen praten en dat we ze bleven mijden, nu was het te laat.

Maart 2006 afpersing

Op 14 maart heb ik de twee handelsvergunningen van mijn vader teruggegeven aan de verantwoordelijke magistraat in het 20e arrondissement. Ik kende de afhandeling in dit opzicht al. Op 20 maart ging mijn telefoon en werd het nummer ingehouden. Aan de andere kant zat een man die me geen naam vertelde, hoewel ik er in de loop van het gesprek meerdere keren om vroeg. Hij zei dat ik door moest gaan met het schrijven van de bevestigingen die ik sinds de millenniumwisseling heb geschreven. Toen ik vroeg waarom ik dat moest doen, vertelde hij me over de omstandigheden van de plaats waar mijn zoon opgroeide, die je alleen zou kunnen weten als je er was. Bijvoorbeeld toen hij vandaag naar de kleuterschool ging en dergelijke. Dat maakte me natuurlijk kwaad en ik bedreigde hem. Zijn antwoord was alleen dat hij me na het vorige telefoontje een buitenlander zou sturen en dat ik een bevestiging zou moeten afgeven. Ik zou voor een maand € 10 en voor meerdere maanden € 15 in rekening moeten brengen, die deze mensen dan zouden betalen. In het begin weigerde ik natuurlijk met het argument dat ik dat niet meer kon schrijven omdat ik geen recht had op het vak, maar na verloop van tijd werd de informatie over mijn zoon, wat hij deed, steeds reëler en moest ik aannemen dat hij in de buurt van Gregor bleef, wat een jaar later werd bewezen. In het dorp met zo'n 800 inwoners en een oppervlakte van 34 vierkante kilometer trekken vreemden natuurlijk de aandacht, vooral als ze voor openbare gebouwen rijden, zoals een school of kleuterschool. Nu had ik de keuze om naar de politie te gaan en aangifte te doen, als ik werd geaccepteerd, en bescherming voor mijn zoon zal worden toegekend voor een week of twee, en dan moet ik beven of de man iets kan bedenken. De andere optie was dat ik het op mijn manier deed, wat ik mezelf las om te doen, ongeacht de gevolgen. Dus de telefoontjes kwamen meerdere keren per week met onderdrukte nummers en de buitenlanders, die ik maar gedeeltelijk kende, kregen hun bevestiging tegen betaling. Toen ik de mensen vroeg waar ze contact vandaan hadden, kreeg ik geen informatie. Dus besloot ik deze mensen te volgen, maar in het begin was dit in ieder geval hopeloos. Ondertussen, het was al herfst 2007, ging mijn zoon naar de lagere school. In het dorp werd op verschillende plaatsen een man geobserveerd waarvan werd aangenomen dat hij een pedofiel was, zoals hij herhaaldelijk werd gezien op school of kleuterschool. Maar dit was een vergissing, het hele ding was voor mij bedoeld. Op een vrijdag na school nam mijn zoon, zoals elke schooldag, de schoolbus naar huis. Aangezien de weg ongeveer 500 meter van de uitgang naar de woonplaats niet helemaal zichtbaar was, kwam er plotseling een auto uit de zijstraat, stopte bij mijn zoon en ging de passagiersdeur open. Een man sprak hem aan en wilde hem snoep geven. Mijn zoon reageerde één keer en rende meteen naar het huis waar mijn partner op hem had gewacht. Ze zag het voertuig en belde ook de politie, maar totdat ze kwamen, was de bestuurder ondanks de doodlopende weg over de bergen. Toen mijn zoon mij op dezelfde dag, vrijdagavond, hierover vertelde, sprak ik er met mijn partner over en vertelde haar dat dit geen pedofiel was, dat zou op mij van toepassing zijn geweest, maar zij hield vast aan de pedofiele versie.

13 december 2006

Het was een vrijdag en weer een 13. Ik zat in de winkel die twee uitgangen had, een naar de binnenplaats van het huis en een naar de straat. Ik schreef over mijn programma's, zoals ik dat al heel lang had gedaan, en werd dienovereenkomstig geabsorbeerd. Plots werd er op de deur van de binnenplaats geklopt, de andere deur had ik op slot gedaan. Het was rond het middaguur en veronderstelde dat het een huisfeest was. Toen ik de deur opendeed, was er een man van ongeveer 190 cm lang met een verzorgd uiterlijk. Hij identificeerde zich met zijn naam en identiteitsbewijs als de "officiële directeur" van het belastingkantoor van Wenen. Nu zei hij, met een A4-tje in zijn hand, dat hij een bevestiging in zijn hand hield waar mijn bedrijfsstempel en mijn handtekening op te vinden waren. Hij beweerde ook dat het aan beide kanten was bedrukt. Hij vroeg ook of hij binnen mocht komen, wat ik niet weigerde. Maar toen moest ik meteen zijn beweringen weerleggen. Aan de ene kant had ik nooit dubbelzijdig bedrukt papier gegeven en aan de andere kant had ik ook geen stempel op zulke brieven gedrukt, die zaten al in het programma dat ik er zelf voor had geschreven. Ik heb nooit de brief gehad waarop deze bewering was gebaseerd. Nu zei hij of hij in mijn stand-pc mocht kijken, wat ik niet weigerde. Ook wilde hij mijn bankafschriften bekijken en fotograferen, die ik op de plank achter me had liggen, die ik niet weigerde, omdat ik me niet bewust was van enig schuldgevoel. Nu begon hij zijn minuten op te nemen. Toen hij vroeg hoe zulke bevestigingen van inkomen tot stand kwamen, van wanneer en waarom, besloot hij het bezoek met de vraag wat ik ervoor zou hebben gekregen, en hij bedoelde niet alleen geld, maar ook natuurlijke producten. Wat moet ik hem nu antwoorden, want ik realiseerde me ondertussen dat hij zijn prestatievermogen nodig had, en aan de andere kant had ik op dat moment nog mijn afperser, die me behoorlijk onder druk zette. Dus beantwoordde ik zijn vraag met het antwoord: ik heb er niets voor terug gekregen. Zijn reactie was dat hij dit niet geloofde. In het volgende jaar kwam hij nog twee keer naar mijn winkel zonder voorafgaande kennisgeving en bleef zoeken. De vorige keer vroeg hij of hij de stand-pc mee mocht nemen naar de belastingdienst, waarop ik na enige tijd nadenken bevestigend antwoordde. Tijd om na te denken over het feit dat het niet per se gunstig zou zijn geweest voor de computer, maar ik had natuurlijk niets te verbergen. Ik had het binnen twee dagen weer werkend, maar hij vertelde me niet of er iets illegaals was gevonden of niet. Tot nu toe goed of niet. In het najaar van 2007 was er toen een "uitnodiging" bij de belastingdienst in het 22e arrondissement. Daar bood hij me de resultaten aan van zijn belastingcontrole, zoals dat in het financieel Duits heet. Hij had me al aangegeven dat hij me zou moeten waarderen als ik hem niet zou vertellen wat ik zou doen voor het opmaken van inkomensverklaringen en dus zijn we het over deze naam eens geworden. Zijn schatting was dat hij dacht dat ik voor elke bevestiging € 100 zou hebben ontvangen, beginnend met 1998 en eindigend in 2008. Met andere woorden, een inkomen van € 40.000 en een "huisvestings" uitgave minus 50%. Dus in zijn ogen had ik met dit werk jaar in jaar uit € 20.000 verdiend, wat ook tot uiting kwam in de bijbehorende bescheiden inkomstenbelasting. In één klap had ik twee claims van de belastingdienst en zorgverzekeraar voor een bedrag van 6 cijfers, waar ik meteen op reageerde op het beroep op de toenmalige financiële senaat als hoger orgaan van de belastingkantoren, vandaag, voor zover ik weet, is het de financiële procureur. Alle benoemingen, en dat was toen 9 jaar, werden door de afzonderlijke kantoren afgewezen of afgewezen. De staat of zijn functionarissen hebben meestal gelijk, de burger nauwelijks.

Wat ik destijds echter niet had verwacht, was het feit dat deze officiële directeur het niet alleen als een financieel delict zag, maar ook als een overtreding van de wet. Na het afronden van zijn examen in 2008 gaf hij de door hem verzamelde gegevens, waarvoor hij nooit bewijs kon leveren, door aan de Weense officier van justitie ter controle op onrechtmatigheid. Naast mijn benoemingen in 2008, voor de jaren 2006 tot 2008, toen ik eindelijk mijn afperser te pakken kreeg, heb ik voor deze 3 jaar aangiften inkomstenbelasting opgesteld voor in totaal € 2.500 aan inkomsten uit het opstellen van de winst-en-verliesrekeningen, die tot op de dag van vandaag geen rekening mee gehouden. In de jaren 1998 tot en met 2005 heb ik door deze omstandigheid geen intake gehad. Dit parket reageerde ook in de vorm van de respectieve arrondissementsrechtbanken, waar ik tussen 2009 en 2011 werd "gevraagd" om als getuige te verschijnen bij ongeveer 100 dagvaardingen. Het proces was daar altijd hetzelfde. De grondtoon van mijn verhoren door de desbetreffende rechtbank was altijd dezelfde. Er werd mij gevraagd of ik dit document had uitgegeven en natuurlijk waarom. Er zat altijd een buitenlander tegenover mij die onder meer door de Gemeentedienst 35 werd beschuldigd van het verkrijgen of kopen van een verblijfsvergunning met zo'n bevestiging. Het papier waarop dit proces was gebaseerd, werd aan mij gepresenteerd en ik moest bepalen of ik het had uitgegeven of niet. 90% daarvan waren mijn papieren, maar er waren ook vervalsingen, wat de chief executive officer beweert. De beschuldigde buitenlanders, die ik tenminste van uiterlijk kende, kregen, als ze echt schuldig werden bevonden, 2 maanden tot drie jaar, voorwaardelijk, niet meer. Zoals ik al zei, kreeg ik in mei 2008 eindelijk de afperser te pakken door een vermeende colporteur opnieuw te volgen nadat hij een bevestiging van mij had gekregen. Met "krachtige" argumenten smeekte ik deze man om direct mijn nummer te wissen en mij nooit meer te bellen. Ik had niet veel hoop, maar hij hield zich er om wat voor reden dan ook aan en ik heb hem nooit meer gezien of gehoord, maar had ook mijn gsm-nummer veranderd. Ik had nooit kunnen achterhalen wat hij eruit haalde of niet. In het voorjaar van 2010 ontving ik plotseling een aangetekende brief van de Weense Officier van Justitie - Weense Strafhof. Daarin werd ik gevraagd om als verdachte te verschijnen bij het OM voor verhoor. Ik volgde dat op en ging tegenover de officier van justitie zitten. Ik werd beschuldigd van het uitgeven van inkomensverklaringen die niet in overeenstemming waren met de wet. Aangezien deze man van middelbare leeftijd een paar dossiers voor zich had, bladerde hij ze door en vroeg me of hij de naam kende die hij daar las en vooral hoe zulke papieren tot stand kwamen. Ik bevestigde toen zijn vragen, maar vroeg hem me de bevestigingen te laten zien, waar ik opnieuw ongeveer 10% vervalsingen kon herkennen, die hij ook zag. Voor zover ik me kan herinneren, was hij dit jaar voor de tweede keer bij hem. Het geheel was slechts een verhoor van een verdachte door de officier van justitie. In het voorjaar van 2011 ontving ik opnieuw een aangetekende brief, maar dit keer van de Weense correctionele rechtbank, waar ik als beklaagde heen zou gaan. Ik ontmoette daar een rechter, de officier van justitie, die ik inmiddels ken, en mijn openbare verdediger, die bij mijn eerste ontmoeting met hem had geklaagd dat hij 6000 pagina's gerechtelijke documenten moest doorlezen voor het proces. Nu kwam het tot deze onderhandeling, waar natuurlijk alle partijen vragen stelden. De vraag of ik geld had gekregen voor deze uitgifte van de papieren was van ondergeschikt belang, net als tijdens het verhoor door de officier van justitie. Met mijn antwoorden en argumenten heb ik de rechter zo goed mogelijk kunnen overtuigen. Mijn advocaat was meer terughoudend en groef gewoon een precedent dat weinig te maken had met mijn aanklacht. De officier van justitie was wat hardnekkiger en stelde nogal korte vragen. Resultaat van dit proces, de rechter kondigde het vonnis, 24 maanden gevangenisstraf, betekent geen gevangenis. Nadat het vonnis was uitgesproken, instrueerde hij me over mijn beslissing erover; Om het vonnis onmiddellijk te accepteren, 3 dagen om onmiddellijk te overwegen of in beroep te gaan. Dat had ik echt niet verwacht, want ik ging ervan uit dat ik als vrij man en onschuldig de rechtbank zou kunnen verlaten. Dus ik keek naar mijn advocaat en liet hem 3 vingers zien gedurende 3 dagen om erover na te denken. Maar toen hij zag dat de officier van justitie mijn aarzeling zag, zei hij dat hij in beroep zou gaan of juridische stappen zou ondernemen. In februari 2012 vond de tweede zitting voor de Weense Hogere Regionale Rechtbank plaats, waar ik aannam dat het vonnis in mijn voordeel zou zijn. Dus ik ging de rechtszaal binnen op de voorgeschreven tijd en vond een senaat van rechters. Toen mijn gegevens werden gecontroleerd, sprak een van de rechters met mij: De uitspraak van de Weense correctionele rechtbank wordt gewijzigd in 16 maanden voorwaardelijk en 8 maanden onvoorwaardelijk. Mijn reactie daarop: Dat kan het niet zijn! De rechter zei: Als je het vonnis niet hebt begrepen, moet je 8 maanden worden vastgehouden. Voor mij stortte een wereld in. Aan de ene kant had ik deze papieren te goeder trouw uitgegeven totdat ik werd gechanteerd, aan de andere kant wilde ik mijn zoon beschermen, wat slecht ging in de broek. Ik had bijna nooit een financieel voordeel en werd ervoor gestraft. Natuurlijk heb ik mijn advocaat gevraagd wat er nog meer gedaan kon worden in dit verband, maar moest beseffen dat er geen hoger beroep was tegen dit vonnis, alleen een verzoekschrift. Maar hij gaf me meteen geen hoop dat er iets zou veranderen in deze beslissing van de Hogere Regionale Rechtbank als gevolg van een dergelijk verzoekschrift. Maar ik heb hem gevraagd het te doen. Maar het was ook geen succes. Dus kreeg ik toen een brief van de rechtbank, waar ik uiterlijk 10 april 2012 in de

Simmering-gevangenis moest zijn om mijn gevangenisstraf van 8 maanden te beginnen.

2006 tot 2011 alles over zorg

Toen mijn vader stierf in maart 2006, zoals eerder vermeld, werd ik opnieuw geconfronteerd met een uitzetting uit mijn Garcionerre in het 20e arrondissement. Nu, na de dood van haar man, stond mijn moeder er helemaal alleen voor, en na bijna 53 jaar huwelijk werd het dak boven mijn hoofd verwijderd, dus restte er niets anders dan verhuizen naar een appartement van 75 vierkante meter met de ruzie over mijn aandeel om haar wederzijds toezicht te geven, omdat ze behoorlijk depressief was na de dood. Op dat moment kon ik niet zeggen of mijn beslissing juist was of niet, en ze had al 2 slagen achter de rug. Op het moment dat haar man overleed, woog ze rond de 80 kilo, was niet dik maar gedrongen. Het eerste jaar met haar in een appartement was best goed, we gingen winkelen, naar de dokter en voor onderzoeken. Op dat moment moest ze vanwege haar eerdere ziektes ongeveer 10 tabletten per dag innemen. Onder hen was een psychotrope drug, waarbij ik elke keer naar een neuroloog moest gaan in plaats van naar een huisarts om het recept te krijgen. Ik denk dat het werd voorgeschreven omdat ze steeds depressiever was geworden. Men zou ook zeggen dat ik mijn werk deed in hetzelfde huis, alleen gescheiden door een binnenplaats. Dat betekent dat ik op de begane grond was en zij in het appartement op de eerste verdieping. In het tweede jaar begon haar toestand snel te verslechteren, ze at steeds minder en wilde niet meer naar buiten. Ik kan me een aflevering herinneren waarin we met zijn tweeën boodschappen aan het doen waren in de supermarkt op ongeveer 300 meter en ze niet verder kon nadat ze de aankoop had betaald. Dus ik zette haar in de winkel, rende de 300 meter terug naar de winkel en haalde mijn rodelbaan, die ik al jaren had, reed hem naar de winkel, zette hem met grote tegenzin op de rodelbaan en reed hem met haar mee naar huis. Het kon me niet schelen hoe het eruit zag. Jij niet noodzakelijk. Het geheel zag eruit alsof ik van maandag tot vrijdag bij haar in het appartement was en op vrijdagavond naar mijn familie in Neder-Oostenrijk ging, Gregor en Britta. Maar omdat ze in het weekend niet per se alleen hoeft te zijn, kwam mijn broer op zaterdag twee tot drie uur langs en dat werd bijna elke keer een farce. Een keer belde hij me omdat hij de medicatie niet kon vinden, een andere keer vanwege een of andere trivialiteit. Dat wil zeggen, ook in dit opzicht was hij voor mij geen grote hulp. Maar sinds de groeiende depressie, paranoia en dementie erbij kwamen, werd de zorg voor haar persoon steeds moeilijker, dat wil zeggen de 24-uurs zorg werd volledig benut. Overdag, omdat ze geen tijdsbesef meer had, sliep ze en 's nachts als ik in de kamer ernaast wilde slapen, spookte ze door het appartement. Ik hoefde haar niet eens om middernacht of later in de woonkamer op te halen en weer in bed te leggen. Daarnaast had ze geen overzicht meer van welke huishoudelijke artikelen ze had. Het gebeurde dat ze om 11 uur 's ochtends op het balkon stond en mijn naam luid riep omdat ze stond, Peter, had minstens twee tubes tandpasta nodig. Toen kwam ik op de binnenplaats, zag haar wild gebarend op het balkon en zei dat ze in de doos moest kijken, voor zover ik weet waren er minstens 10 tubes tandpasta. Het enige wat ze zei was dat ze zou weten wat ze nodig had en niet ik. Dus ik moest haar de 11 en 12 buizen onmiddellijk en onmiddellijk kopen. Dat heb ik nooit gedaan, dat ik ging winkelen. De enige keer dat ik moest ademen waren de keren dat ze van het ene ziekenhuis naar het andere kwam, dus ik hoefde haar maar ongeveer een uur te bezoeken, omdat er niets meer in zat. Het werd voor mij steeds moeilijker om met haar te praten omdat ze geen perspectief zag. In de individuele ziekenhuizen denk ik dat ze bijna alle ziekenhuizen in Wenen heeft "bezocht", maar ze hebben ze maximaal 10 dagen bewaard, omdat ze fysiek niets konden vinden en wat de psyche betreft, niemand kon helpen haar. Nu kwam mijn lieve broer, met wie ik, zoals ik al zei, ongeveer 20 jaar geen contact had, op het glorieuze idee om zijn moeder onbekwaam te maken. Hiervoor stapte hij naar de verantwoordelijke rechtbank en diende het verzoek in. Mijn mening hierover was dat ze zeker nog gezond was, ook al was ze al goed op weg om krankzinnig te worden. Zo kwam op een avond, na voorafgaande verwittiging, een advocaat van de rechtbank naar ons appartement. Mijn moeder en wij twee zonen waren aanwezig. In het begin stelde hij zijn vragen aan mijn moeder, die ze correct beantwoordde, maar toen kreeg mijn broer, die de aanvraag had ingediend, een vrij gedegen instructie van deze advocaat. Hij zei dat de vrouw volkomen gezond was en waarom hij de aanvraag had ingediend, die hij natuurlijk niet kon beantwoorden. Dit verzoek werd daarom afgewezen. Tot nu toe was mijn relatie met mijn broer nog redelijk welgemanierd en feitelijk. Daarna werd het steeds erger, tot en met fysieke aanvallen van zijn kant in het bijzijn van onze moeder. In september 2010 liep ze overdag weer door het appartement en viel in de woonkamer. Ik was toen net buiten. Ze heeft toen zo'n 4 jaar drie keer per dag een huishoudhulp gehad, omdat ik er niet altijd was en het resultaat was een sleutelkluis bij de ingang van het appartement, want natuurlijk werd er ook gebruik gemaakt van de huishoudhulp en reddingsdiensten. Daarnaast had ze een polsbandje met een noodknop die ze mocht gebruiken als dat nodig was. Dus die dag kwam de redding, die me ook vertelde dat er iets met mijn moeder was gebeurd, en ze kwamen ook binnen met behulp van de sleutelkluis. Ze brachten haar vervolgens naar het ziekenhuis, waar bleek dat ze een rib in haar longen had geboord toen ze in het appartement viel. Nu weer naar het dichtstbijzijnde ziekenhuis gereden en met de hoofddokter van de afdeling gesproken. Ze vroeg me of mijn moeder 24 uur per dag zou worden verzorgd nadat ze was vrijgelaten.

Maar ik moest deze vraag met nee beantwoorden, omdat ik niet alleen hierdoor lichamelijk en geestelijk uitgeput was, maar ook door mijn verslaving. Van tevoren zou moeten worden gestuurd dat mijn broer direct na het overlijden van mijn vader in maart 2006 een plaats in een bejaardentehuis voor haar had aangevraagd. Het zou voor hem gemakkelijker zijn geweest om haar een maand later in een huis te zien. Toen ik na ongeveer 2 jaar een belofte voor het huis in het 20e arrondissement kreeg, kende ik dit huis van binnen en van buiten, en ze martelde me met de beslissing wat te doen: naar het huis of niet. Hierbij moet worden opgemerkt dat deze woning in een van hun vertrouwde omgevingen stond en, aangezien deze nog niet zo lang staat, ook nog eens erg mooi is. Mijn argument was dat het haar eigen beslissing zou zijn en dat ik het niet zou adviseren of afraden. Mijn broer haalde haar natuurlijk onmiddellijk over om de plaats in te nemen. Na een paar weken en maanden weigerde ze. Nu lag ze, zoals ik al zei, in het ziekenhuis en de gemeente Wenen zocht een plek in een verpleeghuis, die ze eind 2010 kreeg in een pas geopend huis in het 22e arrondissement. Daar op de 8e verdieping met een lift, kreeg ze een kamer van ongeveer 20 vierkante meter. Voor zover ik kon zien, was ze op dat moment een van de jongsten, 78 jaar oud. Naast de kamers was een gemeenschappelijke ruimte waar de gevangenen samenkwamen om te roddelen of spelletjes te spelen. Ik herinner me dat ik verschillende keren zei dat ze haar kamer uit moest gaan en met de anderen moest praten. Maar haar paranoia of dementie was zo ver gevorderd dat ze niet meer in de buurt van mensen wilde zijn, omdat ze haar iets konden doen, zoals ik van haar moest horen in verschillende ziekenhuizen als ze mensen zag met witte jassen en die iets wilden doen aan haar. Ze verwierp mijn argument dat dit alleen medisch personeel was dat haar wilde helpen. Op 2 maart 2011 ging ik bijna elke dag naar haar huis om haar te bezoeken. Ze was die dag nauwelijks bereikbaar en ik kon ook niet met haar praten. Toen ik naar huis reed, had ik mijn voorgevoelens. 'S Nachts zette ik, zoals gewoonlijk, mijn mobiele telefoon uit. Toen ik hem 's ochtends weer aanzette, zag ik een sms van het huis. Mijn voorgevoel werd bevestigd, ze viel die nacht vredig in slaap in de armen van een verpleegster. Nu hebben we onze moeder begraven in hetzelfde graf waar mijn vader was. Ik zat nu alleen in een appartement van

75 vierkante meter met mijn spullen en een huur van net geen 500 euro.

Mei 2011 Neocathomenat

Mijn relatie met mijn moeder was niet precies wat ik op dat moment had, maar ze was er voor mij, zelfs in mijn jeugd, al was het maar in beperkte mate. Dus wat haar betreft zat ik een beetje in een dilemma. Op een mooie lentedag begin mei liep ik op een zondag in mijn oude kleren over het Donaukanaal, ging toen op een bankje zitten en begon op mijn mobiele telefoon te typen. Omdat ik op dit moment al zeer beperkt gezichtsvermogen had door groeiend staar, zag ik niet al te veel. Plotseling verduisterde de zon die op mijn gezicht scheen. Toen ik opkeek, stonden er twee mensen voor me die ik amper kon onderscheiden. Een vrouw vroeg me of ik in God geloofde nadat ze zichzelf als Anna had voorgesteld. Ze stelde ook de tweede dame voor, maar ik weet haar naam niet meer. Het zou van tevoren moeten worden verzonden dat ik een dergelijke discussie op elk moment zou hebben vermeden. Deze vraag, die ik hier niet wil beantwoorden, mondde uit in een gesprek van een half uur en zei op het einde tegen mij: ik nodig je aanstaande zaterdagavond om 20.00 uur uit. Ik zal Wolfgangs telefoonnummer voor je opschrijven, mocht er in de tussentijd iets tussenkomen. Wat was dat? Twee vrouwen die ruim 10 jaar ouder waren dan ik nodigen me uit. Ze vertelden me ook dat ze van de neo-katholiek waren, onderdeel van de katholieke kerk en geen sekte. Oké, nu had ik een telefoonnummer van een zekere Wolfgang en een uitnodiging. Wat moet dat zijn? Nu lag ik elke avond in bed en dacht na over deze uitnodiging. Dus deze zaterdag kwam en ik dacht dat ik geld had als geen ander en natuurlijk was ik benieuwd wat dat was. Dus zoals gewoonlijk ging ik eerder van huis en kwam ik om 19.30 uur aan in het 20e arrondissement. Toen ik de hal binnenkwam waar de hele zaak zou plaatsvinden, zag ik aan de andere kant van de kamer een man die klapstoelen aan het opzetten was. Toen hij me bij de deur zag staan, kwam hij naar me toe, stak zijn hand uit en zei dat hij Wolfgang was. Pas toen realiseerde ik me dat dit een priester moest zijn, want hij was van boven tot onder in het zwart gekleed. Toen hij vervolgens mijn naam vroeg, was ik een beetje perplex en begon ik te stotteren en zei: Mijn naam is Eduard. Deze naam bleef me een tijdje bij, totdat ik hem kon overhalen me Edi te noemen. Hij vroeg ook of ik hem kon helpen met het opzetten van de fauteuils, wat ik natuurlijk graag deed. Nu was het bijna 20.00 uur en ik verwachtte dat er wat oudere mensen zouden komen opdagen, de ongeveer 20 fauteuils waren klaar en dus ging ik op een van hen zitten. Toen ging de tweede deur van de kamer open en een meisje van ongeveer 16 jaar kwam binnen met een gitaar op haar rug. Na verloop van tijd liep de kamer vol en ontdekte ik dat ik een van de oudste was. Toen het hele gedoe kort na 20.00 uur begon, moest ik me natuurlijk even voorstellen, wat ik voorheen nooit graag deed. Toen bleek dat het een Eucharistie was met twee lezingen en een evangelie uit de Bijbel. Ik had nog steeds in mijn achterhoofd dat mijn grootmoeder, die katholiek was, me tijdens mijn schooltijd vaak naar de mis in de katholieke kerk had gebracht en ik dacht toen al dat het niets voor mij was, alle oude mensen, biddend en knielend en opnieuw biddend. Maar het was een beetje anders en niet alleen de deelnemers. De twee Bijbellezingen werden door de individuele deelnemers zelf voorbereid en voorgelezen. Wolfgang, die zichzelf afschilderde als priester, zat alleen voor en moest het evangelie lezen en vervolgens alle lezingen analyseren in een preek. Wij, alle deelnemers, konden ook vrijwillig aankondigen wat de betreffende lezing ons zou hebben verteld. Ik vond het ook leuk dat de gitaar er niet alleen was om naar te kijken, maar dat er altijd een nummer werd geïntoneerd tussen de afzonderlijke lezingen, en we zongen allemaal mee. Welnu, dit was rond 22.00 uur voltooid en mij werd verteld dat er de volgende dinsdag om 20.00 uur een woordelijke liturgie zou zijn. Nadat ik me zo'n kermis had beloofd, ging ik dinsdag terug. Ik werd toen broer van wat toen de 10e communiteit in het Neokathomenat was, die ik ook zeven jaar beoefende en die me persoonlijk veel heeft gebracht. Het proces in deze communiteit was altijd hetzelfde, 3 tot 4 personen uit deze groep moesten de respectieve liturgie of de Eucharistie een paar dagen van tevoren bij een van de 3 tot 4 personen thuis voorbereiden en die dan op die dag presenteren. Het was niet altijd gemakkelijk om voldoende mensen te vinden om mee te doen. We hadden ook elke één of twee maanden een gemeenschapszondag en ongeveer twee keer per jaar een gemeenschapsweekend in een hotel in Neder-Oostenrijk. Toen ik in mei 2011 naar deze gemeenschap kwam, bestond ze nog maar een half jaar. Met andere woorden, je kende elkaar niet zo goed, maar dat veranderde in de loop der jaren, omdat je je steeds met iemand anders voorbereidde en zo de omgeving zag waarin hij of zij zich bewoog. In die tijd raakte ik bevriend met twee zussen, Maria en Giada. Maria is geboren in Polen en studeerde in Oostenrijk, Giada was een jonge uitwisselingsstudent uit Capri/ Italië, ongeveer 20 jaar oud. Ik had veel met hen beiden gedaan, maar Giada moest in de zomer van 2012 terug naar Italië toen ze al perfect Duits sprak. Wat me met Maria verbond, was dat ze net zoveel aan mijn verslaving toegeeft als ik, alleen niet zo overdreven.

Gevangenisstraf april 2012

Dus op 10 april reed ik met mijn bezittingen naar het 11e arrondissement om mijn gevangenisstraf te beginnen, aangezien ze steeds minder kregen. Hieraan ging het feit vooraf dat ik twee maanden eerder nog een ontruimingszaak had met de executiedatum, 10 mei 2012 om mijn nek. Ik had dus weinig tijd om het appartement in het 20e arrondissement te verlaten. Maria en mijn collega, op wie ik later terugkom, waren een grote hulp voor mij omdat ik op dat moment in hechtenis zat. Toen ik bij het detentiecentrum aankwam, werd ik grondig gefouilleerd en vervolgens in tweetallen op de gesloten afdeling gezet in een cel van ongeveer 10 vierkante meter. In het begin kreeg ik instructies wat ik wel en niet moest doen en kreeg ik te horen welke afdeling er was. Overdag was er slechts een uur lopen op de binnenplaats, als het weer het toelaat. De eerste twee maanden had ik natuurlijk genoeg tijd, praten met mijn medegevangene was niet altijd makkelijk, dus nam ik de Bijbel en las hem van begin tot eind, ondanks de staar. Na twee maanden werd ik overgeplaatst naar het ontspannen gevangenissysteem, waar men in het detentiecentrum kon werken. Er zaten 6 tot 10 mensen in de zaal die op verschillende afdelingen hadden gewerkt. Maar aangezien ik een persoon ben die van zijn vrijheid geniet, liet ik me weer overplaatsen en belandde in de open lucht. Dat betekent om 04.30 uur opstaan en van het 11e arrondissement naar de kazerne in het 14e arrondissement rijden, waar ik samen met andere gevangenen moest tuinieren. Omdat het in juli augustus 2012 niet bepaald prettig was om de hele dag in de zon te staan, verlangden we naar het einde van het werk om 16.00 uur. Daarna moesten we stipt om 18 uur terug zijn in het detentiecentrum. De fellowship waar ik een jaar eerder lid van was, heeft me in die tijd enorm gesteund. Dit kwam tot uiting in het feit dat voor elke dag van mijn bezoek, drie van mijn huidige broers en zussen me kwamen bezoeken en me troostten. Omdat ik ook het weekend buiten de instelling mocht doorbrengen met de buitendienst, kon ik onder andere een community Soenda bijwonen. Wat hier ook moest worden opgemerkt was dat al mijn familieleden, waaronder enkele in de vorm van 4 neven en een oom en tante, niet kwamen opdagen tijdens bezoekuren, ik wil niet eens praten over mijn broer, omdat hij wist dat ik zit. Bovendien zette mijn zus Maria veel druk op me om me met mijn ouders te verzoenen, omdat ik haar schuldig maakte aan waar ik nu was. Zo gebeurde het op een zondagochtend toen ik om 8 uur naar buiten mocht voor dit gesprek. Nou ja, ze waren allebei dood, waar moet ik het over hebben met stenen. Maar aangezien de begraafplaats vlakbij het detentiecentrum was, stapte ik uit de tram en ging naar het graf. Eerst wist ik niet wat ik moest zeggen, maar toen denk ik dat ik ongeveer een half uur met ze heb gepraat en ik eindigde met tranen over mijn wangen. Toen ik terugging naar de tram, voelde ik me 10 pond lichter. Sindsdien heb ik vrede gesloten met mijn ouders, al waren het maar stenen en er zal weer een kwaad woord over mijn ouders komen, daar heb ik geen recht op, ik zou beter moeten doen, maar het lijkt erop dat het me niet is gelukt ofwel, in ieder geval tot nu toe. Op een ochtend toen ik terug naar de kazerne reed om te werken, overkwam mij een ongeluk. We hadden de mogelijkheid van catering in de kazerne. Dat betekent dat we konden ontbijten, lunchen en af en toe eten in de vorm van blikjes voor de avond. Nou, ik ging, zoals gewoonlijk, om 6.30 uur ontbijten en een stevig vers broodje eten. Opeens merkte ik dat mijn bovengebit in het midden gebroken was. Zo heb ik 's avonds in detentie geregeld dat een bezoek aan de tandarts mocht, omdat mijn beet niet werd gegeven. Ik kreeg het ook en moest die dag in de inrichting blijven. Vooraf moet worden meegedeeld dat ik tijdens mijn detentie geen ziektekostenverzekering had en dat de kosten van eventuele behandelingen werden gedekt door de begroting van de rechterlijke macht. Dus kwam ik bij een tandarts die niet per se de beste was, maar die de rechterlijke macht veel had laten betalen voor het herstellen van mijn tanden. In de tijd dat ik het al geregistreerd had, verergerde mijn cataract zo erg dat ik uiteindelijk maar 2% gezichtsvermogen had. Dat betekende dat ik met behulp van mijn voeten de stoeprand moest halen. Was de verkeerde veronderstelling dat deze operatie ook tijdens detentie kon worden gedaan, maar had het juiste oog voor de operatie twee dagen na vrijlating op 12 december en de andere een week later.

Verworpen op 10 december 2012

Op die dag werd ik vrijgelaten en stond nu op straat met zo'n € 700,- een zicht van 2% en mijn magere bezittingen en zonder dak boven mijn hoofd. Maar aangezien een broeder, Werner genaamd, had aangeboden om naar zijn kabinet in het 8e arrondissement te verhuizen terwijl ik in hechtenis zat, nam ik dat graag aan. Hij zei alleen totdat ik iets vond. Omdat ik nu te veel geld op zak had, het kriebelde natuurlijk, ik zag er niet zo uit tijdens detentie, hoewel het waarschijnlijk gebaseerd zou zijn op de tijd. Dus het gebeurde zoals het moest, ik bleef spelen en na een tijdje vroeg broeder Werner me hoe ver mijn zoektocht naar een appartement was gevorderd. Toen hij zag dat ik er niet al te veel ijver in had gestopt, stelde hij me terecht een ultimatum. Dat liet ik ook voorbijgaan, en dus moest ik bij de gemeente Wenen een daklozenopvang aanvragen, die ik ook kreeg in het 16e arrondissement samen met een tweede in een kamer van 20 vierkante meter. Volgens mijn verbeelding had ik me voorgesteld dat je er niets voor hoefde te betalen, maar dat was een vergissing. Zeker niet het bedrag voor een huur, maar het was in ieder geval € 160 die ik in het begin kon betalen. Maar in de loop van de tijd was dat niet meer mogelijk. Ondanks hulp van maatschappelijk werkers werden ze gedwongen mij uit huis te halen. Wat nu? Dus bood mijn werkgever en vriend Kamal aan om me onder te brengen in de kelder van zijn bedrijf, zonder toilet en water, aangezien het jaar al gevorderd was en de winter voor de deur stond, moest ik het accepteren, natuurlijk zonder medeweten van de ander huisfeesten. Ik was niet alleen daar beneden, ik had ook huisdieren in de vorm van muizen die 's nachts soms over mijn gezicht liepen als ik sliep. Dat was waarschijnlijk de tijd dat ik minstens één keer per week dacht waar ik voor leefde. Ik had niets bereikt, integendeel, ik heb alles verpest, op 11-jarige leeftijd moest ik tegen mijn zoon liegen dat ik in Berlijn moest werken en belde hem daarom maar één keer per week vanuit de gevangenis. Mijn zelfmoordgedachten waren toen al heel extreem. Natuurlijk wisten mijn broeders en zusters in de communiteit ook van de hele ellende, maar ook zij konden mij niet helpen, al ging dat zo ver als de catecheet.

<u>24 december 2014 einde</u>

Nu was het Kerstmis, zoals in voorgaande jaren. Ik sliep in de kelder, had huisdieren bij me en € 20 in mijn portemonnee. Er waren nog wat boodschappen, want na verloop van tijd kon ik rondkomen van € 6 per dag voor eten en roken. Nou, wat doe je met dit geld, je gaat naar de dichtstbijzijnde gokhal en het bedrag was weg. Op dat moment is in de gemeente Wenen besloten dat het kleine kansspel per 1 januari 2015 wordt stopgezet. Dat betekent dat alle machines die ik meer dan 30 jaar voedde, werden stilgelegd, maar alleen in Wenen en niet in Neder-Oostenrijk. Nou, het nieuwe jaar kwam, er waren geen machines meer in Wenen en het geld zat weer in mijn zak. Nu had ik de kans om op de trein te stappen, naar een buitenwijk van Wenen te rijden en deze emmers verder te eten. Maar dat was niet het geval, waarom ik mezelf tot op de dag van vandaag nog steeds niet kan verklaren, maar hoe dan ook, ik zal het zeker niet in twijfel trekken. Met andere woorden, na ruim 30 jaar en de daaruit voortvloeiende moeilijkheden, was ik op 24 december 2014 genezen van deze verslaving. Vanaf die dag had ik nooit meer een machine aangeraakt. Natuurlijk kon ik niet beantwoorden wat ik in de loop van de tijd had vergokt, maar ik neem aan dat het zeker een bedrag van 7 cijfers was. Met andere woorden, ik had mijn belastingen op de winst- en omzetbelasting met mijn baan betaald en dat niet al te schaars, althans van mijn kant, maar ik kan niet beoordelen of dit bij de respectievelijke kantoren zoals de belastingdienst en gemeente terecht is gekomen. Wat interessant was, was dat toen ik in 2012 mijn gedwongen verblijf had, ik niet hoefde te spelen en nauwelijks in vrijheid, het weer doorging. Hoe is het nu verdergegaan? In februari 2015 heb ik weer een plek gezocht in de daklozenopvang en die kreeg ik direct in het 16e arrondissement. Nu gebeurde alles snel achter elkaar. De maatschappelijk werker die voor mij zorgde, zette veel druk op mij om een gemeenschapsappartement toegewezen te krijgen. De vergoeding voor de plaats in de € 160,- was geen probleem meer, dus ze werden regelmatig betaald. Aangezien ik in januari 2013 al een gemeenschapsappartement had aangeboden, had ik niet echt gehoopt dat het deze keer zou lukken. In 2013 vroegen ze me om mijn inschrijving en huurcontracten van de afgelopen drie jaar te bevestigen. Ik heb de inschrijvingsbevestiging kunnen voldoen, maar ik kon natuurlijk geen huurovereenkomst aanleveren. Het argument dat ik Oostenrijks staatsburger was en in Wenen geboren was, hielp ook niet. Ik was toen zo woedend dat ik me liet meeslepen door te zeggen dat ik dit negatieve bericht moest krijgen, omdat ik dit papier voor een specifieke locatie nodig heb. Wel weer terug. De maatschappelijk werker in dit huis vroeg me om maand na maand een bepaald bedrag in het huis te storten, zodat ik geld zou hebben voor het appartement als ik het huis verliet. Op 1 juli 2015 kreeg ik een klein appartement van 36 vierkante meter in het 20e arrondissement, waar ik nu nog steeds woon. Maar aangezien ik bijna geen meubels had, moest ik alles kopen, van ingebouwde keukens tot kasten. Aangezien het appartement op de 5e verdieping ligt, heeft een huisgenoot van de daklozenopvang me geholpen. Wat was er aan de hand, de gokverslaving was weg, ik had een eigen appartement, waar tot op de dag van vandaag geen huurachterstand is en bovenal had ik ineens meer dan 10 euro in mijn portemonnee. Dat was een heerlijk gevoel en er is tot nu toe niets veranderd. Met andere woorden, ik bracht mezelf tot leven, wat het was toen ik een speler was, ik zou het daar niet per se aan toewijzen.

Februari 2016 normaal leven

Begin 2016 fladderde er een ansichtkaart in mijn brievenbus. Ik las dit en ontdekte dat het een online portal was waar je je gratis kon registreren. Nadat het gratis was, deed ik dat ook. Het geheel was een website met wel honderd verschillende groepen, afhankelijk van hun interesses. Omdat ik altijd een nieuwsgierig persoon ben geweest, heb ik de groepen bekeken en vond ik ongeveer 4 tot 5 groepen die me aanspraken. Voor twee daarvan heb ik activiteiten opgezet bij 50+ clubs en 60+ clubs, die ook overeenkwamen met de leeftijd van de leden. Nu organiseerde

Helmut, de beheerder van de groep 60+ Treff, elke twee weken om 18.00 uur 's avonds restaurantbezoeken. Elke keer in een ander restaurant. Aangezien ik zoiets niet kende van mijn verleden, was het voor mij een genoegen om daar altijd goed te eten en zo'n 3 tot 4 uur te roddelen met de 8 tot 10 mensen die er waren. De andere groep, 50+, was vanaf het begin een uitdaging voor mij. Toen schreef de admin, ik ben mijn naam vergeten, weer elke 2 weken op vrijdagavond om 18.00 uur een bijeenkomst in een marktkraam in het 3e arrondissement. Bij deze groep lag de focus echter niet op eten, maar veel meer op de samenleving. Omdat deze bijeenkomsten echter niet optimaal waren georganiseerd, kwamen er slechts een handvol naar deze bijeenkomsten, maar veel meer was er niet mogelijk, er was niet genoeg ruimte voor meer op deze stand. De beheerder Helmut van de groep 60+ Treff deed dit tot aan zijn dood in 2019 veel preciezer. Ik nam mijn vriend Roman altijd mee naar beide bijeenkomsten omdat hij toen vrijgezel was, maar ik kom later op hem terug. Zoals ik al zei, er gebeurde niet veel in de 50+ groep en dus nam ik het initiatief om via deze groep elke 2 weken bijeenkomsten online te zetten. De groep had op dat moment ongeveer 100 leden en dus maakte ik reclame voor een bijeenkomst in een eetcafé en niet in een marktkraambuffet in de portal. In het begin waren er misschien 7 tot 8 mensen uit deze groep en natuurlijk lag de focus niet op eten, maar op conversatie en gesprekken. Het was interessant dat er bij elk van hen elke 2 weken consequent meer vrouwen dan mannen aanwezig waren. Dat betekent dat het soms gebeurde dat Roman en ik de enige mannen waren. Maar nadat ik het heerlijk vond om me met vrouwen te omringen, wat ook een nieuwe ervaring voor mij was, heb ik de vrouwen dienovereenkomstig ontvangen. Dat betekent links en rechts zoenen, waarbij ik me toen realiseerde dat dit invloed had op de verdere kwaliteit van het gesprek. In het begin was het wat omslachtig, maar na verloop van tijd kwamen er steeds meer naar deze bijeenkomsten. Ook in deze groep groeide het ledenaantal gestaag, tot het einde met ruim 500 leden. Aangezien ik niet de beheerder van deze groep was, was er natuurlijk vijandigheid naar andere leden van deze groep, onder andere met het argument dat dit een partneruitwisseling was, die ik opnieuw op de website zette met bijbehorende opmerkingen. In 2018 en 2019 had ik het idee dat je niet per se naar een kroeg hoeft, maar dat er ook cultuur is en lichte sporten. Deze vergaderingen werden niet noodzakelijkerwijs door de leden aanvaard. Het was cabaret, bowling, biljart of minigolf, dus geen fancy dingen. Slechts ongeveer 5 tot 6 mensen kwamen naar dergelijke bijeenkomsten, dus ik keerde terug naar de lokale bijeenkomsten. Toen de pandemie in 2020 uitbrak, hadden we onze laatste bijeenkomst in het 3e district in februari. Een paar maanden later kreeg ik van Pamela te horen dat ze de groep 50+ Treff niet meer kon vinden op de website. Maar aangezien dergelijke bijeenkomsten niet konden plaatsvinden met lockdown en andere beperkingen, heb ik dit feit niet opgemerkt. Ik heb het onderzocht en ontdekte dat zowel de groep 60+ Treff, die echter geen activiteiten had na het overlijden van de admin, als de groep 50+ Treff en haar leden van deze pagina waren verwijderd. De achtergrond was, en het werd enige tijd van tevoren duidelijk, dat de software (vermeend Ubuntu) erachter was gecrasht en er via deze website nieuwe software was geïnstalleerd. Aangezien ik mezelf nu een programmeur noem, heb ik dit bedrijf, de eigenaren van deze site, ongeveer twee keer geschreven om erachter te komen wat daar zou zijn gebeurd. Het antwoord was dat sommige oude groepen niet meer hersteld konden worden. Natuurlijk maakte ik ook mijn opmerking dat dit heel goed zou kunnen, maar ook met een enorme tijdsbesteding, omdat de gegevens beschikbaar moeten zijn, je hoeft ze alleen maar uit te lezen en toe te voegen aan de nieuwe portal.

Dansevenementen najaar 2015

Mijn vriend Roman, die ik al een aantal jaren ken, vroeg me eens of we op zaterdag konden gaan dansen bij de Vereniging van Gepensioneerden in Wenen, wat we toen deden. En dus gingen we elke zaterdagavond dansen in het 2e arrondissement of in het 20e arrondissement totdat in 2020 de pandemie uitbrak en er natuurlijk geen evenementen meer waren. Ik was toen geen gepensioneerde, maar wat vond ik het leuk, ook al ben ik geen professionele danseres (hopeloze zaak).

Familie

Nou ja, dat heb ik waarschijnlijk zo'n 10 tot 11 jaar gehad, maar toen ik naar het internaat ging, moet de relatie verslechterd zijn, want daar moest ik, of ik wilde of niet, 90% van mijn beslissingen alleen nemen. Daarbij stond bijna niemand aan mijn zijde met advies. Of ik het zou hebben geaccepteerd of niet, is ook twijfelachtig. In mijn jeugd had ik een goede band met mijn 3 neven in de weekenden, die iets jonger zijn dan ik, met de vierde heb ik maar twee keer contact gehad, op eigen verzoek. Dat betekent dat ik de 3 meiden in het 11e arrondissement bijna elk weekend zag. Wat mijn broer betreft, we waren ongeveer 16 jaar één van hart en één ziel. Dat veranderde toen hij zei dat hij nu een vrouw moest hebben. Toen hij ongeveer 30 tot 35 jaar oud was, eiste hij zijn erfenis in contanten van zijn ouders in mijn aanwezigheid in Neder-Oostenrijk. De achtergrond was dat hij nu getrouwd was en twee dochters had en zei dat hij hier en nu in Duitsland een bestaan moest opbouwen. Aangezien dit verzoek met fysieke kracht werd geuit, nam hij ruim 20 jaar 'afscheid'. We hadden geen contact met hem tot kort voor de dood van onze vader. Zelfs vandaag heb ik geen enkel contact met hem en ik weet niet over hem of mij over waar we wonen. Wat betreft mijn zoon, die nu 20 jaar oud is, moet worden gezegd dat ik hem in 2012 niet kon vertellen dat ik in hechtenis zat, maar dat ik in het buitenland moest werken, hij was toen 11 jaar oud. Daar waren mijn partner en ik het over eens, ik had een goede verstandhouding met hem in ieder geval tot ik gedwongen werd in het 11e arrondissement te blijven, al was het maar in het weekend. Aangezien hij naar mijn mening echter is geïnformeerd door een dierbaar familielid van mijn ex-partner waar ik in 2012 echt was, ondanks verschillende pogingen sinds april 2018, heb ik geen contact gehad, de laatste keer dat ik hem zag was op 15 juli, 2017. De relatie met mijn moeder was eigenlijk alleen maar goed in de eerste jaren van mijn leven, maar aangezien we heel verschillende karakters waren, veranderde dat uiterlijk met het internaat, maar dat veranderde niets aan het feit dat ik stond door haar in de laatste jaren van haar leven. Maar wat mij erg opviel en wat mij vandaag de dag nog steeds zorgen baart, dat ik nooit met mijn vader kon praten en hij waarschijnlijk ook niet met mij.

Vrienden

In de loop der jaren heb ik zeker verschillende vrienden gehad die ik hier probeer te classificeren, hoewel ik daar eigenlijk geen recht op heb, maar zoals ik al zei, zo zie ik het. Onder mijn beste vrienden waren zeker die uit Neder-Oostenrijk, die ik wist al toen ik 12 jaar oud was geleerd. Omdat ze echter verspreid waren over de hele deelstaat Neder-Oostenrijk, eindigde de vriendschap na ongeveer 15 tot 20 jaar. Wat mijn Weense vriend betreft, ik weet nog steeds niet waarom hij nooit heeft voorkomen dat ik verslaafd raakte aan gokken. Maar ik zou hem de eer willen geven dat hij dit niet had kunnen doen. In 2005 of 2006 had ik problemen met mijn stand-pc in de winkel en omdat het geld meestal krap was, ging ik op zoek naar een computerreparatie, die ik ook in het 20e arrondissement vond. Daar kwam ik twee straten verder bij een kelderrestaurant. Toen ik de persoon genaamd Kamal zag, realiseerde ik me dat het een Arabier moest zijn en sprak hem op die manier aan, aangezien ik al jaren met deze mensen omging. Hij antwoordde op mijn Arabische woorden en zei ook dat hij in Alexandrië was geboren, maar nu een Oostenrijks staatsburger is. Een jaar of twee later verhuisde hij twee straten verder naar een restaurant op de begane grond, waar hij mij enige tijd later in dienst nam, hij is verantwoordelijk voor hardware en ik voor software. Hij was degene die me onderdak aanbood in de kelder in het jaar dat ik er geen had. Ongeveer een jaar later kwam een iets oudere heer naar onze winkel in het 20e arrondissement, hij bleek 20 jaar ouder te zijn dan ik. Hij zei problemen te hebben met zijn eigen website, aangezien de software aangepast was, hij de weg niet meer kende en hij nog het een en ander wilde toevoegen. Ik zou graag willen zien wat ik ter plekke heb gedaan. Daar vond ik een vrij grote website waar hij zelf jaren aan had gewerkt, en ik las me een weg in dat systeem. Uiteindelijk was ik eindelijk in staat om de gespreksproblemen die hij had met het nieuwe systeem op te lossen. Uit beide ontmoetingen is een vriendschap ontstaan, die tot op de dag van vandaag voortduurt en die ik ook niet zou willen missen. Ja, er werden connecties gemaakt vanuit de groepen 60+ clubs en 50+ clubs, maar die sneuvelden weer met de pandemie.

Partnerschappen

De eerste samenwerking met mijn collega in het onderzoekscentrum stelde me een beetje teleur, omdat ik een beetje werd afgewezen dat ze mij en een kind had gedwongen om onder hetzelfde dak als haar ouders te verhuizen, waarbij haar vader me heel goed accepteerde, maar zijn vrouw wie alles moest weten irriteerde me een beetje. Wat betreft mijn tweede vrouw in mijn leven, zij was onbetwist de vrouw van mijn leven, anders zou het partnerschap niet langer dan 20 jaar hebben geduurd. Dat het uit elkaar is gegaan, ondanks de toenmalige 8-jarige zoon, is waarschijnlijk voor 95% mijn schuld. Ik had pas achteraf ontdekt dat we nooit over onszelf en onze problemen spraken en toen, zoals we deden na de breuk, was het allemaal te laat. Misschien had dat iets veranderd als we ons eerder hadden uitgesproken. Ik weet het niet. Aangezien de groep 50+ Treff vanaf het begin van mijn werk voor deze groep een soort partnerportaal zou zijn, gebeurde het zoals het moest. Het was een vrijdag voor Pinksteren in 2017, 8 jaar nadat Britta uit Neder-Oostenrijk van mij gescheiden was. We hadden daar weer een ontmoeting in een bar en de bijbehorende pubtuin. Ik ging daar zoals gewoonlijk met mijn vriend Roman. Toen kwam Pamela, een lid van de 50+ Treff-groep en een jaar jonger dan ik, en zat tussen Roman en mij in. In de loop van de avond ontstond er een eenmalig gesprek tussen mij en Pamela en we hebben veel gepraat en gelachen, zodat ik de andere deelnemers niet echt meer opmerkte. Daarbij merkte ik dat ze me elke keer als we ergens om konden lachen een klopje op mijn bovenarm of dijbeen gaf. Ik heb me goed ingeschreven, maar wat nu, want ik was daarin niet de dapperste. Maar ik vatte mijn moed en vroeg haar of we op Pinksterzaterdag niet ergens konden afspreken om te gaan wandelen, wat we de volgende dag ook deden. Ik viel uit de wolken en ging op Pinksterzondag naar de gemeenschapsdag van mijn gemeenschap. Maar aangezien het op dagen als deze altijd gebruikelijk was om na een kort gebed over het pad en de eigen ervaringen ermee te praten, en dat in het bijzijn van zo'n 20 mensen, natuurlijk vrijwillig, ben ik na een tijdje begonnen. Zoals ik al zei, ik was 57 jaar oud en had Pamela aan de telefoon gesproken voordat ik het gebouw binnenging. Dus ik zei dat ik leed aan een ongeneeslijke ziekte die iedereen zou kunnen treffen en andere bloemrijke uitspraken van mijn kant. Ik keek om me heen en behalve radeloze gezichten kon ik niets onderscheiden. Waar had ik het over? Nou, natuurlijk waren er vragen en uitspraken, zoals: je praat als een 16-jarige en een van de aanwezigen, een 22-

jarige student, vroeg me: Edi ben je verliefd, wat ik natuurlijk kon niet ontkennen. Een maand later, op 15 juli 2017, stelde ik me voor dat Pamela en ik een stel waren, ik ging voor de laatste keer naar mijn zoon in Neder-Oostenrijk, wat ik toen nog niet wist. Omdat hij al snel door had dat ik overenthousiast was, bekende ik hem dat er een nieuwe vrouw in mijn leven was en liet ik hem ook een foto van haar zien, waar ik achteraf spijt van had. Pamela was toen al op kuur in Stiermarken. Toen ze terugkwam, kwam ik erachter dat een ander lid van de 50+ Treff-groep haar was gevolgd in dit kuuroord en dat Pamela me had meegenomen. Aangezien deze man ook niet per se sociaal was, was deze samenwerking tussen Georg en Pamela slechts tijdelijk. Nou, er waren meer bijeenkomsten en in augustus 2018 vond een bijeenkomst plaats bij een Heuriger in het 19e arrondissement. Sommige mensen in deze groep en ik waren een groep begonnen in Whatsapp en stuurden ons overal foto's heen en weer. Dus op deze vrijdag kwam er een nieuwe vrouw in de groep, Anna genaamd, een inwoner van Polen en leuk om naar te kijken. Ze kon heel hartelijk lachen, wat veel indruk op me maakte. Ze sloot zich ook aan bij onze groep in Whatsapp en kwam toen met grappige bijdragen, wat deze groep een boost gaf. Op een dag in september 2017 postte ze dat de druiven in het 22e arrondissement rijp waren en dat iemand uit deze groep haar niet kon helpen met de druivenoogst. Ze had er het volgende weekend een dag voor uitgetrokken. De respons hierop was nul. Dus ik dacht bij mezelf, waarom niet, ga druiven lezen en maak een afspraak in het 22e arrondissement. Ik heb echt heel veel druiven gevonden die we overdag hebben geplukt en 's avonds hebben verwerkt tot siroop en sap. Maar aangezien er niets "wegliep" op een zaterdagavond, verstreek de tijd en werden we die dag een stel. Half oktober, na een maand partnerschap, zei ze dat ze zich meer op haar gemak zou voelen als ze alleen gelaten zou worden, wat ik moest accepteren. Goed of niet, dat ging ook uit elkaar, maar er waren altijd bijeenkomsten in de groep en dus in november 2017 in het 3e arrondissement. Daar waren we met ongeveer 20 mensen, waar we wat ruimteproblemen hadden in dit restaurant. Toen de boel rond 9 uur afgelopen was, gingen wij, Roman en ik, de straat op waar twee vrouwen, Tine en Julia genaamd, stonden. Opeens vroeg Tine: Wat doen we nu? Ik stond een beetje perplex omdat ik zo'n vraag niet van een vrouw had verwacht. Nou, dus gingen we naar een nabijgelegen café en bleven daar ongeveer een uur. Toen ontdekte Tine dat ik bezig was met computers en ze vertelde me of ik het probleem met haar computer bij haar thuis kon oplossen, wat ze aannam nadat ze haar adres in het 14e arrondissement had opgegeven. De vrouw was ongeveer twee jaar ouder dan ik en niet per se slank. Deze reparatie van de computer of dit bezoek werd meer, hoewel ik het uiterlijk niet per se leuk vond. De meeste tijd bracht ik met haar en met haar door. Ze had een nieuw appartement, maar voelde zich daar blijkbaar niet echt thuis, voor zover ik kon zien, omdat ze altijd de deur uit moest om iets te kopen of gewoon ergens heen te gaan, ze was een gedreven chauffeur. Gedurende deze tijd overlaadde ze me met kleren en andere dingen en had ze altijd in de kroeg betaald. Toen ik haar vroeg dat ik dat niet wilde, omdat ik ondertussen genoeg kleren in mijn dozen had, was ze een beetje zenuwachtig. Dus reed ze een weekend naar haar zus in het diepste Burgenland en belde onderweg vanuit de auto. Voor mij was dat wat het vat brak. Ze had alles beslist zonder mij te raadplegen en zei dat ze mijn liefde kon kopen met stapels cadeaus. Dus deze aflevering was ook afgelopen. In de zomer van 2018 gingen Roman en ik dansen in het 1e arrondissement, beiden single, we kenden het evenement al lang en vooral de twee organisatoren. Toen we daar aankwamen, was er bijna geen ruimte meer, dus moesten we allebei aan een tafel gaan zitten waar al twee vrouwen zaten. De ene heette Graziella (deels Italiaanse ouders) en van de tweede weet ik helaas de naam niet meer. Nu we aan dezelfde tafel zaten moest ik ook de dames ten dans vragen en dus zaten Graziella en ik al snel naast elkaar en vertelde ze dat ze problemen had met haar pc. Ik kende de ruzie inmiddels goed en Graziella was een stuk ouder dan ik, maar bevestigde toch dat ik het bij haar thuis in het 16e arrondissement zou zien. Ook daar was het hetzelfde resultaat als bij Tine, we kwamen samen. Ze had een erfpacht in het 17e arrondissement met een klein huisje in de overeenkomstige grote tuin, waar men zich niet gemakkelijk kon verplaatsen voor een groot aantal planten en bomen. Daarnaast had ze druivenranken boven het dakterras, waar we ook de druiven hebben geoogst en daarna verwerkt, weer een aha ervaring. Aangezien het niet alleen mogelijk was om in de tuin te bewegen, gold dit ook voor het interieur van het huis en tenslotte ook voor uw appartement. De samenwerking was dus beperkt in de tijd. Zelf ben ik niet zo'n gek met schoonmaken, maar ik zou wel eens in een kamer willen kunnen bewegen, ik had het toch al krap genoeg in 2012. Begin november 2018, op een zaterdagochtend na het ontbijt verliet ik deze aansluiting in een haast je. Ik viel op dit punt in een diep gat omdat ik me moest afvragen wat ik verkeerd deed. 4 vrouwen en met iedereen lukte het niet, was het mijn verleden, was het mijn "rijkdom"? Nou, er was weer een dansevenement eind november op zaterdag 24 november 2018. Mijn vriend Roman haalde me over om naar deze dans in het 2e arrondissement te gaan. Maar ik had er geen zin in. Uiteindelijk heeft hij me zo ver gekregen. We zaten met ongeveer 8 personen aan een tafel. Tegenover me zag ik een blonde vrouw die naar mijn mening in het gezelschap was van een oudere heer. Ik had die avond van 18.00 tot 21.00 uur niet veel gedanst op livemuziek. Tegen het einde kwam de dame in kwestie terug naar de tafel en zei tegen Roman en mij of we daar helemaal niet wilden dansen. Ik had deze uitspraak alleen maar slecht begrepen en heb daarom niet gereageerd. Roman sprong meteen op en ging met haar dansen. Nu was dit evenement voorbij en gingen we naar de garderobe. Opeens stond deze vrouw, Ully genaamd, naast me en vroeg: Ga je met me mee en dan bedoel ik Roman en ik. Nadat het zaterdagavond was en ook niet laat, vond ik het niet erg om mee te gaan, en dat zei ik ook tegen Roman. Ook hij stemde toe en zo belandden na lang zoeken zo'n 8 mensen in een bar in het 1e arrondissement. Voordat ze naar de garderobe ging, gaf ze Roman haar mobiele nummer, dat ik maar marginaal registreerde. Welnu, we zaten Ully naast me in deze bar en Roman gaf een lezing over sjamanisme en energie. In de loop van de avond bleek dat Ully niet met de oudere heer was gekomen, maar met haar vriendin Monika. Zodra ik dit registreerde, schaamde ik me een beetje, wat ik leuk vond aan de dame. Nu had Roman haar nummer, maar ik kon er onmogelijk om vragen. Dus nam ik een visitekaartje van het restaurant en schreef mijn telefoonnummer op de achterkant. Toen ik het restaurant verliet, gaf ik haar deze kaart, wat helaas ook Roman opmerkte. Dus ik was in de keuken van de duivel en Ully had twee mobiele telefoonnummers van Roman en mij. De volgende dag, zondag, wachtte ik af wat er aan de hand was. Er gebeurde niets in de ochtend, maar om 2 uur was de mobiele telefoon en Ully aan de lijn. Ze vroeg me of we niet eens koffie konden gaan drinken. Mijn antwoord hierop: Onmiddellijk en onmiddellijk - je hebt een onderbreking in de transmissie. Ja, ze moet nog iets repareren en belt me over ongeveer een uur terug. Maar het was geen uur, maar een half uur en we ontmoetten elkaar in een koffiehuis in het 20e arrondissement. Daarna zijn we daar naar de bioscoop geweest en omdat dat niet genoeg was, zijn we ook naar een lounge op de 1e verdieping gegaan. Ik vertelde haar, zoals ik gewend was, alles over mijn vorige leven, dat niet per se productief hoeft te zijn. Plots draaide ze zich naar me toe en kuste me op de wang. Sindsdien zijn we een stel, ook al is er een leeftijdsverschil van een paar jaar. Waarom? Omdat ik denk dat ze de beste is van de 4 vrouwen ervoor.

Neo-katholiek einde

Toen ik in 2011 lid werd van de fellowship of het pad, was het vanaf het begin duidelijk dat het ongeveer 30 jaar zou duren om dit pad te bewandelen. Nu in 2017 op dit Pinksterweekend moest ik mijn ervaringen maken, wat de invulling van partnerschap op deze manier betekent en daarom ben ik een beetje gaan broeden. Toen mijn zus Maria uit de communiteit zich in april 2018 van het leven beroofde, na 7 jaar verbondenheid, besloot ik het pad te beëindigen en deed ik hetzelfde in mei 2018 bij een vespers voor de overledenen. Mijn gedachte daarbij was dat ik het onderweg niet meer eens kon zijn met sommige argumenten. Dat gold natuurlijk voor de invulling van partnerschappen, maar ook voor het tot leven brengen van het geloof. Ben ik nu een gelovige of niet: deze vraag kan en wil ik hier niet beantwoorden, vooral kan het individuele individu zelf? Van mijn kant probeer ik nu het geloof te leven nadat ik de gemeenschap heb verlaten. Sindsdien heb ik nog steeds contact met God, al wordt dit alleen uitgedrukt in stille gebeden met hem.

Klanten

In de loop van mijn leven heb ik zeker honderden klanten gehad die ik altijd met respect en hoffelijkheid behandel, of ze nu binnenlands of buitenlands zijn. Wat betreft het klantenbestand in de tijd dat ik kranten en tijdschriften verkocht, heb ik verschillende negatieve ervaringen gehad. Aangezien 99% van hen altijd buitenlanders waren, hoefde ik niet eens naar mijn geld te kijken, aangezien de mensen naar hun thuisland waren gegaan en mijn eisen hadden genegeerd. Mijn klanten, van wie ik al heel anders ben in de computersector, zijn altijd blij als ze me bellen. U weet dat ik niet rust voordat het probleem is opgelost en dat kan even duren. Maar ik kan me geen klant herinneren uit de tijd dat ik software aan het maken was. Dit is een inwoner van Duitsland, maar van een andere afkomst. Zijn drie bedrijven omvatten een tandartspraktijk, een tandtechnisch laboratorium en een tandheelkundig depot. In het najaar van 2010 kwam zijn medewerker van het tandheelkundig depot bij ons in de winkel. De achtergrond was dat het rekenprogramma niet meer werkte en hij vroeg of ik het kon repareren. Aangezien deze man niet per se commerciële kennis had, ontdekte ik dat dit programma niet meer te redden was. Nu had ik gemerkt dat het geheel in wezen uit drie bedrijven bestond met een grote verscheidenheid aan benaderingen. Zo hebben we als onderdeel van ons bedrijf in het 20e arrondissement een aanbieding gemaakt voor alle drie de bedrijven met financiële en voorraadadministratie, open itembeheer. Afroepbeheer van klanten en leveranciers en nog veel meer. Ik presenteerde dit aan de baas en hij begon afzonderlijke delen van dit aanbod te accepteren en andere af te wijzen. Maar aangezien ik altijd de ambitie heb om alles 100% te creëren, was dat ook in dit geval het geval, en natuurlijk ook met betrekking tot het feit dat het besluit is genomen om een ander deel van ons aanbod te accepteren. Maar omdat software niet statisch is, werd het programma vaak aangepast. Dus ging ik tot vier keer per week naar zijn tandheelkundige groothandel om dit te doen, telkens voor een bedankje voor zeven jaar. Aangezien de aanwezige medewerkers niet noodzakelijk handelaars waren, konden zij de jaarlijkse inventarisatie niet uitvoeren. Dat betekent dat dit tot de inventarisatie in 2017 door mij is gedaan met hulp van de daar aanwezige mensen. Maar aangezien ik uit mijn commerciële ervaring weet dat zoiets binnen maximaal twee dagen moet gebeuren, had ik wat dat betreft mijn problemen. De laatste inventarisatie is binnen twee weken gefaseerd afgerond. Van tevoren was afgesproken dat de door ons ingediende factuur driemaal zou worden betaald. Het eerste deelbedrag met een driecijferig bedrag in euro's is betaald, de rest staat nog open. Het argument van de klant was dat mijn programma niet werkt, wat zichzelf fundamenteel tegenspreekt. Enerzijds werkte de software zeven jaar feilloos en anderzijds gebruiken ze het nog steeds en gebruiken het ook al vier jaar. Dus we kwamen terug op een goede 4-cijferige. Zelfs een brief van een advocaat die met een betalingsbevel dreigde, werd genegeerd. Wat betreft mijn huidige klanten, voor wie ik tegenwoordig zorg als onderdeel van ons bedrijf, wil ik zeggen dat ze helemaal enthousiast zijn over mij, omdat ze weten wat ze van mij krijgen. Enerzijds is dit niet alleen de snelle afspraak, maar ook de kennis van de klant die ik niet opgeef totdat ik een oplossing heb gevonden. Het kan best zijn dat het tijd kost, maar ik ben ook elke keer weer blij als ik zie dat het werkt.

Hervat

U, als lezer, denkt nu misschien dat u hebt gelezen dat dit geen leven is. Ja, dat zou kunnen, maar zoals reeds vermeld, dat waren uitsluitend mijn beslissingen, of ze nu goed of fout waren, kunnen altijd alleen achteraf worden bepaald. Dus de volgende vraag rijst of ik gelukkig ben. Maar aangezien dit een puur subjectieve beoordeling is, zou iedereen dit anders beantwoorden. Ik ben blij. Waarom? Als ik denk aan de tijd van mijn verslaving, was het niet echt wat leven wordt genoemd, dus ik ben blij dat ik deze periode door ben gekomen. Hoe ik dat destijds voor elkaar kreeg, is nog steeds niet duidelijk, maar ik ben blij dat ik die tijd ben doorgekomen. Of ik tevreden ben, zoals ik het in mijn 1e boek formuleerde, blijft onbeantwoord. De reden hiervoor is dat mijn beste vriend na ruim 10 jaar op eigen verzoek van mij is gescheiden, wat ik tot op de dag van vandaag nog steeds niet begrijp. Ik weet niet wat het leven nog meer voor me heeft voorbereid, maar er kan eigenlijk niets meer komen dat me door elkaar zou schudden.

Productie en publicatie:
BoD - Books on Demand, Norderstedt
ISBN: 9783755760818